AF198728

A*t*V

Eva Strittmatter wurde 1930 in Neuruppin geboren. Sie studierte 1947 bis 1951 Germanistik in Berlin. 1951 bis 1953 Mitarbeiterin beim Deutschen Schriftstellerverband, seit 1954 freie Schriftstellerin. Sie veröffentlichte Kritiken, Kinderbücher, Gedichte, Prosa. Heinrich-Heine-Preis 1975, Walter-Bauer-Preis 1998. Lebt in Schulzenhof bei Gransee.

Gedichtbände: Ich mach ein Lied aus Stille (1973); Mondschnee liegt auf den Wiesen (1975); Die eine Rose überwältigt alles (1977); Zwiegespräch (1980); Heliotrop (1983); Atem (1988); Der Schöne (Obsession) (1997); Liebe und Haß. Die geheimen Gedichte (2000); Hundert Gedichte (Herausgegeben von Klaus Trende, 2001); Der Winter nach der schlimmen Liebe (2005).

Prosa: Briefe aus Schulzenhof (I 1977, II 1990, III 1995); Poesie und andre Nebendinge (1983); Mai in Piešťany (1986).

Herausgaben: Erwin Strittmatter: Vor der Verwandlung. Aufzeichnungen (1995); Erwin Strittmatter. Eine Biographie in Bildern (zus. mit Günther Drommer, 2002); Erwin Strittmatter: Geschichten ohne Heimat (2002); Erwin Strittmatter: Kalender ohne Anfang und Ende. Notizen aus Piešťany (2003).

Die Texte entstanden zu unterschiedlichen Zeiten und Anlässen. An Beispielen aus der Musik, der Malerei, Prosa und Lyrik setzt sich Eva Strittmatter mit dem Wirken von Kunst auseinander. Ihre ebenso kenntnisreichen wie sensiblen Analysen sind zeitlos, denn sie folgen keinen modischen Trends, sondern suchen das Substrat im Werk und das Einmalige, Besondere im Wesen des Künstlers. Eva Strittmatter knüpft bei den Erfahrungen und Fragen an, die sie selbst in der eigenen Arbeit beschäftigen. Es geht ihr um Aufrichtigkeit und Offenheit, ohne Konzessionen. Was ein solcher Anspruch bedeutet, beschreibt sie in dem Titelessay, in dem sie über ihren persönlichen Weg zur Lyrikerin Auskunft gibt. Sie bekennt, daß der Widerspruch zwischen Zwängen und Freiheitsbedürfnis für sie zum Fonds für Poesie wurde. Diese Erfahrungen bekräftigt sie im Gespräch mit Klaus Trende, in dem es auch um ihr Leben mit Erwin Strittmatter und später nach seinem Tode geht, über die Entstehung ihrer Gedichte und über das Glück, ein Bild aus Worten zu bauen, es »haltbar« zu machen

Eva Strittmatter

Poesie und andre Nebendinge

Aufbau Taschenbuch Verlag

ISBN 3-7466-2219-0

1. Auflage 2005
© Aufbau Taschenbuch Verlag GmbH, Berlin 2005
Umschlaggestaltung Torsten Lemme
unter Verwendung eines Gemäldes von Csontváry
Druck Oldenbourg Taschenbuch GmbH Plzeň
Printed in Czech Republic

www.aufbau-taschenbuch.de

Inhalt

Poesie und andre Nebendinge

Auskünfte für einen Film

Wer Gedichte schreibt, hat wohl ein besonders ausge-
prägtes Harmoniebedürfnis. Er versucht, durch Poesie,
Kräfte und Gegenkräfte ins Gleichgewicht zu bringen.
Auch Kräfte und Gegenkräfte, die in ihm selber sind.
Man versucht durch Worte eine Art *kosmisches* Spiel her-
zustellen. So wie man sich als Laie den Kosmos vorstellt:
Als ein im *Gleichgewicht* befindliches Spiel von Kräften
und Antikräften. Wenn ich ganz hoch über meine Ge-
dichte denke, schwebt mir so was vor: Prozesse, die in
mir ablaufen, und Prozesse, in denen ich mich innerhalb
der Welt bewege, versuche ich mit Worten ins Gleichge-
wicht zu setzen. Ich nehme an, daß es sich von Dramatik
unterscheidet. Der Dramatiker löst diese Kräfte nicht
auf. Er stellt sie nackt gegeneinander dar, bringt sie mit
Personen in Kontraste. Für ihn gibt es im Augenblick,
wo er formuliert, kein Harmoniebedürfnis. Er trägt die
Widersprüche aus, lebt von Widersprüchen. Ich aber
versuche, in jedem Gedicht Harmonie zu erzeugen. Das
Gedicht ist ein in sich geschlossener Organismus, und
ich muß in diesem einen Gedicht ein Gleichgewicht
schaffen.

Mal habe ich gesagt, ich stelle mir mit Poesie eine *Ba-
lancierstange* her. Aber das ist auch nur eine einseitige,
begrenzte, momentane Erklärung, spontan gegeben.

Ein *poetisches Bedürfnis* spürte ich in dem Alter, wo es bei vielen Menschen auftaucht, die später schreiben: In der ausgehenden Kindheit oder beginnenden Pubertät. Ich habe erste Gedichte und eine Art poetischer Prosa geschrieben, als ich zwölf war. Das ging über mehrere Jahre. Dann gabs eine Unterbrechung auf lange Zeit. Ich studierte Literatur und befaßte mich mit ihr *wissenschaftlich*. Nach dem Studium schrieb ich Kritiken. Ich glaubte, mein poetisches Bedürfnis wäre kein originales, kein *beherrschendes* gewesen. Lange habe ich es vergessen, verdrängt, und nur als eine Art Unruhe gespürt. Der Zwang tauchte spät wieder auf. Als ich schon dreißig war, kam er als Notwendigkeit zurück. Plötzlich drückte sich wieder in Poesie aus, was ich zu sagen hatte, und seitdem kontinuierlich. Seit zwanzig Jahren ist Poesie meine Lebenshaltung.

An der Kritik hat mich vor allem die Herausforderung, zu urteilen, gestört. Der Zwang, an einem bestimmten Tag, in einer bestimmten Woche, eine Meinung über ein literarisches Werk zu formulieren. Dabei wußte ich, daß Meinungen nichts Absolutes sind und sich mit der Zeit ändern können, durch neue Erfahrungen, durch Überprüfen. Kritiken schreiben stand im Gegensatz zu dem Harmoniebedürfnis, das ich für einen Dichter meiner Art als charakteristisch ansehe. Ich hatte das Gefühl, daß ich Disharmonie verbreite, ja, daß ich Leuten zu nahe trete. Ich wußte schon damals, wie einem Autor zumute ist, der jahrelang an einem Buch geschrieben hat, für den es sein Leben bedeutet zu der Zeit. Und wenn dann von außen jemand an ihn herantritt und sozusagen mit kühlem Sinn und kühler Sprache, und noch polemisch zugespitzt, ihm in der Öffentlichkeit etwas zu seinem Buch sagt, so leidet er und ärgert sich. Und das war etwas, was ich schwer aushalten konnte.

Folgerichtig war mein Wechsel von der Literaturkritik zur Poesie nicht. Vom *normalen* Lebenslauf eines Dichters her gesehen, war es eher eine alogische Entwicklung. Die meisten fangen als Lyriker an und verlieren später das Bedürfnis, Gedichte zu schreiben. In dem Alter, in dem ich begann mit Gedichten, sind andere fertig damit und machen was *Seriöses*: Prosa, Kritik, Film.

Bei mir war die Kritik zeitig in Gang gekommen, begünstigt durch die Umstände. Als 1952 die »Neue Deutsche Literatur« gegründet wurde, arbeitete ich beim Schriftstellerverband. Die Redakteure forderten mich auf, für die Zeitschrift zu schreiben, und so habe ich ganz früh mit Kritik begonnen, mit zweiundzwanzig Jahren. Wenn ich heute einen zweiundzwanzigjährigen Kritiker treffen würde, würde ich wahrscheinlich sagen: »Du leb mal erst ein bißchen und lern was, ehe du über andere Leute urteilst!«

Ich hätte schon damals gern über Bücher geschrieben, die mir zum Leben wichtig waren. Man entdeckt ja gleichzeitig zur *aktuellen* Literatur auch immer alte Literatur oder ferne Literatur, und vieles davon wird einem auf Dauer bedeutsam, man *nimmt es mit*, und man konzentriert sich auf bestimmte Autoren, liest ihre Bücher immer wieder. Heute, da man mich nicht mehr als Kritikerin betrachtet, sondern als Dichterin, gibt man mir die Freiheit, über meine *Passionen* zu schreiben. Heute habe ich keine Schwierigkeiten, etwas über einen fernen Dichter oder über einen alten Dichter zu veröffentlichen. Damals, als ich *nominell* Kritikerin war, hätte mich jeder gefragt: »Was soll das? Wir müssen uns mit neuen Dingen befassen!« Also habe ich mich aus diesem Zwiespalt herausgerettet. Heute kann ich über Bücher, über Schriftsteller, Maler, Musiker schreiben, und es findet Interesse, aber als Rückwirkung der Poesie.

Die Art, in der ich solche Dinge schreibe, hat sich bei meinen Kritiken schon vorbereitet, aber damals hatte ich auch noch – den Anspruch möchte ich nicht sagen; eher das Vorurteil –, was ich schreibe, müßte *wissenschaftlichen* Kriterien standhalten, müßte sozusagen mit einem *wissenschaftlichen Apparat* versehen sein. Sich mit Zitaten und Anmerkungen auf ein, zwei Autoritäten zu stützen war nicht schlecht. Wenn ich wieder lese, was ich damals geschrieben habe, sehe ich, daß diese *Zitaten-Sicherung* relativ gering war im Verhältnis zu dem, was andere mit höherem *Anspruch* gemacht haben, aber ich hatte dieses Vorurteil doch auch, während ich heut zu einer Sache sage, was ich denke, egal, was zu irgendeiner anderen Zeit irgendein anderer dazu gesagt hat. Im Lauf meiner letzten Kritikerjahre versuchte ich schon, von dem stieren Schema weg zu einer essayistischen Form zu kommen. Habe es dann längere Zeit unterbrochen und erst in den letzten Jahren immer mal wieder einen Aufsatz geschrieben. Wenn mich jemand fragte: »Würden Sie sich an einer Rundfunkserie ›Schriftsteller über Weltliteratur‹ beteiligen?« antwortete ich: »Wenn ich wählen kann, worüber ich schreiben will!« Oder man fragte mich: »Kannst du uns ein Vorwort schreiben zu einer Tschechow-Ausgabe für die Jugend?« Dann sagte ich ja, weil Tschechow eine meiner *Passionen* ist.

Mein Verhältnis zur Prosa ist ein poetisches, auch zum Essay habe ich eine poetische Beziehung. Es ist heute doch eine ganz andere Haltung als in jener ängstlichen Jugend, da ich *Wissenschaft* studiert hatte und ernst genommen werden wollte von erwachsenen Leuten, die mit Literatur zu tun hatten. Heut habe ich gar keine Ambitionen mehr, ernst genommen zu werden, es muß mich nur freuen, was ich treibe (und schreibe).

Die lange Pause in der *poetischen Produktion* hing sicher mit meiner literatur-wissenschaftlichen Ausbildung zusammen. Ich dachte: Eigentlich ist alles schon geschrieben in der Welt. Du hast nichts zu sagen, nichts dagegenzusetzen. Es ist eine solche Übermacht von Literatur produziert worden im Lauf von Jahrtausenden, dagegen kannst du nicht angehn. Ich mußte erst die Literaturkritik aufgeben, um von diesen Ängsten frei zu werden und mir zu sagen: Macht nichts, ob das schon da ist oder nicht, du drückst aus, was du fühlst, was du siehst und denkst, gleich, wie gut es ist oder wie schlecht es ist. Als ich begann, wußte ich nicht, ob nicht überhaupt gegenstandslos ist, was ich mache. Ich hatte zwar Wertvorstellungen, die aus der vorhandenen Poesie abgeleitet waren, aber ich hatte in der ersten Zeit durchaus keinen Begriff davon, ob meins in eine Beziehung zum schon

Vorhandenen gesetzt werden könnte. Und da ich meine Gedichte lange für mich behalten, sie ungefähr fünf Jahre geheimgehalten habe, auch vor meinen Nächsten und Freunden, und mich nur mit mir beraten, die Texte immer wieder angesehen, gesprochen und überprüft habe, war das eine Phase der Unsicherheit, aus der ich mich im Lauf von zehn Jahren, nachdem ich zu veröffentlichen begann, relativ befreien konnte, absolut ist das nie.

Wer später schreibt, lebt von frühester Kindheit an im Bann der Kunst, speichert selektiv Poesie und Literatur. Was mir Eindruck machte, schon ehe ich wieder Gedichte schrieb, war die alte asiatische Poesie, chinesische und japanische Lyrik. Dann hat mich Volkspoesie beeinflußt, mit der ich mich intensiv befaßte, nicht nur die deutsche und nicht nur die Herdersche Sammlung. Auch in der Zigeuner-Poesie, in Sarajevo gesammelt und bei uns in den sechziger Jahren von Reclam herausgegeben, fand ich Modelle für das, was ich mache. Ich weiß genau bei all meinen Gedichten, in welchen Zusammenhängen sie entstanden. Manche Gedichte gleichen in ihrer Struktur der Zigeuner-Lyrik. Dann gibt es ein Buch, das einen Einfluß auf mich hatte und hat. Man kann es herauslesen aus der »Einen Rose«, der ein Motto aus dem »West-östlichen Diwan« voransteht. Das hat mich schon zwanzig Jahre oder länger beeindruckt: »Unmöglich scheint immer die Rose, unbegreiflich die Nachtigall.« Der »West-östliche Diwan« war und ist ein folgenreiches Buch für mich. Abgesehen von der modernen Poesie, die ich, soweit sie mir zugänglich ist, gelesen habe und deren Kenntnis ich immer zu erweitern suche, steht mir ein anderer klassischer Dichter nahe, Puschkin. Bei ihm gibt es eine Verbindung von Intellektualität und Volkstümlichkeit. Mir schwebte von Anfang an so etwas für meine Gedichte vor: Ich wollte eine Synthese bekommen von intellektueller Grundhaltung und einer Simplizität, wie sie Volkslieder haben.

Loerke kenne und schätze ich, noch stärker als Oskar Loerke hat mich Max Herrmann-Neiße beeindruckt und Gertrud Kolmar von den Dichtern der zwanziger Jahre, auch Lasker-Schüler.

Heine habe ich 1945, mit fünfzehn, *durchgelesen*. Ein Lehrer hatte mich eingeladen, in Heine-Vortragsabenden die Gedichte zu rezitieren. Auch Eichendorff *las* ich damals *aus*. Rilke las ich noch früher, mit zwölf, später, was mir in der Jugend verschlossen war, die Elegien vor allem, die Sonette, den »Malte«, die Briefe. Ich schätze an Rilke, was ich seinen Materialismus nenne zur Verblüffung von Leuten, die Rilke für einen rein spirituellen Lyriker halten. Er ist, nach meiner Meinung, einer der *konkretesten* deutschen Dichter. Bei ihm gibt es eine genaue Aufnahme von Wirklichkeit in Poesie, die eigentlich, nach Auffassung der Materialisten, nur ein Materialist zustande bringen kann. Manches an seiner poetischen Methode gefällt mir dagegen nicht. Ich mag seine »Neuen Gedichte«, aber weniger »Der neuen Gedichte anderer Teil«, das meiste darin scheint mir schwächer als die »Neuen Gedichte«. Im zweiten Buch hat Rilke in dem Bestreben, das begrenzte Arsenal des deutschen Reims zu erweitern, eine poetische Methode zur *Manier* verabsolutiert.

In anderen Sprachen wird nach anderen Systemen gereimt. In der spanischen Poesie genügt die Assonanz, wenn zweimal ein A oder ein O auftaucht, gilt das als Reim, aber im Deutschen haben wir das vollreimende Wort oder zumindest die vollreimende Silbe. Rilke wollte die Reimfähigkeit der deutschen Sprache bereichern und hat durch Gerundiv-Konstruktionen und Worterfindungen Reime gemacht. Diese Reime haben oft etwas Angestrengtes, Künstliches, Kostbares. Das stört mich. Ich nehme lieber einen simplen Reim. Umberto Saba, ein italienischer Dichter des 20. Jahrhunderts, den ich schätze, hat gesagt: »Ich liebe den primitiven Reim fiore – amore«, und ich reime Leben und geben oder Stadt und hat. Es gilt bei uns als unfein, Reime zu bilden von hat und Stadt und geben und Leben, und ich habe mich zu Zeiten auch davor gefürchtet, daß der Reim *trivial* werden könnte. Lange habe ich experimentiert mit Reimen und habe inzwischen meine Angst vor *Plattheit* verloren. Ich bin anderer Ansicht über diese Sache als die meisten Leute, die meinen, ein Reimpaar habe einen Wert an sich, könne negativ oder positiv sein. Für mich ist eins der schönsten Gegenbeispiele in den späten Gedichten von Brecht zu finden. Brecht hat in den letzten Jahren, im Umkreis der »Buckower Elegien«, einige Gedichte im Volkston geschrieben, die heute zu seinen bekanntesten gehören: »Sieben Rosen hat der Strauch / Sechs gehörn dem Wind / Aber eine bleibt, daß auch / Ich noch eine find.« Das ist als Reim das Primitivste, was es im Deutschen geben kann, oder: »Als ich nachher von dir ging / An dem großen Heute / Sah ich, als ich sehn anfing / Lauter lustige Leute.« Simpler kann kein Mensch reimen, und das sind schönste Gedichte. Heute bin ich der Überzeugung, daß das einzelne Wort und das einzelne Reimpaar in der Poesie überhaupt nichts besagen. Das gesamte Gedicht macht die poetische Substanz, und ich kann mit dem begrenzten Reimfonds der deutschen Sprache die unterschiedlichsten Gedichte machen, tragisch oder mit Heiterkeit, alles aus dem gleichen Wort- und Reim-Material. Ein Vorteil des Alterns und der Erfahrung ist, daß man furchtloser wird.

Lange hatte ich überlegt, ob ich auch, wie so viele andere, auf den Reim verzichten solle, weil es überhaupt als stumpfsinnig und unmodern gilt, zu reimen. Aber ich habe die Überzeugung gewonnen oder zurückgewonnen, daß der Reim für die organische Struktur des Gedichtes wichtig ist.

Die alten chinesischen Poesien kann ich nur deutsch lesen, es gibt sie in verschiedenen Übertragungs-Varianten. Eine gute Auswahl-Ausgabe des »Schi-King«, des großen chinesischen Poesiebuches, das zweitausend Jahre alte Gedichte enthält, hat Albert Ehrenstein in den zwanziger Jahren gemacht. In seinem Nachwort steht, daß die Gedichte keine bestimmte Zeilenlänge und kein rhythmisches Schema kannten, aber fast immer den Reim als Binde-Mittel hatten. Die Suggestivität eines Gedichtes, durch die es *unverlierbar* wird, hängt wesentlich vom Reim ab. Man prägt sich Gedichte musikalisch ein. Mich fasziniert Musikalität der poetischen Sprache, auch deshalb bin ich beim Reim geblieben, und ich sehe bis heute nicht, daß ich mich von ihm lossagen werde.

Dichterinnen stehen mir nicht näher als Dichter. Max Herrmann-Neiße und Gertrud Kolmar – für mich ist in jeder Epoche, bei Dichterinnen oder Dichtern, wesentlich, daß sich mir eine starke Subjektivität mitteilt, daß ich Leben fühle und einen Menschen sehe. Abgetrennt vom Subjekt des Dichters gibt es für mich keine Poesie. Große *Weltanschauungs-Gedichte* lassen mich kalt, wenn, oder meistens weil, ich diese Art Subjektivität nicht spüre. Meine Idee von Poesie ist, daß sie auf andere Art gleich Leben, daß sie eine Emanation von Leben ist. Dieses Leben kann sich mir nur über das Subjekt mitteilen, das ich in den Worten spüre. Das muß so eine Art Beben sein. Wenn es in den Zeilen nicht bebt von Leben, berühren mich Gedichte nicht. Und bei Gertrud Kolmar oder Else Lasker-Schüler fühle ich *Persönlichkeit*. Vor kurzem habe ich Gedichte der in Kraków lebenden Dichterin Szymborska kennengelernt, und vom ersten Gedicht an war sie für mich da, faszinierte sie mich.

Und das tun auch die älteren Dichter, die mir nahestehen, Heine hatte eine unverwechselbare Subjektivität, der Ungar Petőfi wirkt auf mich so und der Schotte Robert Burns. In der Weltliteratur gibt es viele Gestalten, über die ich unausgesetzt reflektiere, sie sind für mich *gegenwärtig*. Ich könnte einen Weltatlas machen und sagen, da hat ein Dichter gelebt, der mich *be-strahlt*. Ich hab das versucht in dem Gedicht »Signale« auszudrücken: »Den Erdball umfliegen die Stimmen der Dichter ...«

Nicht immer ist es ein ganzes Werk. Es gibt Gedichte von Paul Celan, die so *bebend* komprimiert sind, daß ich diese Ausstrahlung spüre, anderes erschließt sich mir schwer, das hat für mich eine Art Konstruktion, die Leben eher verbirgt, als es mitzuteilen. Darum ist Celan kein für mich wesentlicher Dichter. Er interessiert mich als Gestalt, weil ich über ihn gelesen habe, aber durch seine Poesie ist er mir nicht brüderlich, wie etwa der Pole Tadeusz Różewicz, den ich in jeder Zeile *fühle*. Oder wie eine andere polnische Dichterin, Maria Jasnorzewska, von der bei uns bisher nur wenig publiziert wurde (in der großen polnischen Poesie-Anthologie des 20. Jahrhunderts). Jasnorzewska ist 1945 in der Emigration, in England, verstorben. Sie hat ihr tragisches Leben in Gedichten reflektiert und wirkt auf mich wie eine Schwester. Nur durch Zufall habe ich sie gewonnen. Jemand hat mir ihre Gedichte übersetzt, daher weiß ich, daß sie mir nahestand.

Wenn ich meine versammelten Bücher ansehe, kann ich sofort sagen: Dieser ist es, und dieser ist mein Dichter, jener ist es weniger.

All meine Gedichte sind Selbstauseinandersetzungen. Vor Jahren hab ich versucht, das zu erfassen, auch im Gedicht: »Ich mache mir Halterungen / Aus Worten und halte mich fest ...«

Wie weit ich von der psychologischen Wissenschaft, die Analyse und Selbstanalyse in unserem Jahrhundert populär machte, beeinflußt bin, kann ich nicht sagen. Ob ich in einem anderen Jahrhundert ähnlich mit mir verfahren wäre? Wahrscheinlich gäbe es mehr Scheu. Bestimmt hat die Psychologie *Befreiung* gebracht.

Ich versuche, mit mir so genau zu sein, wie ich kann, versuche zu sprechen über Dinge, die mich bedrängen und behindern: Eigene Unzulänglichkeiten, Einschränkungen, mit denen ich zu tun habe, versuche, mein Weltverhältnis zu fixieren, und das, so weit möglich, ohne Pose zu tun. Ich übe, mit mir selbst aufrichtig zu sein. Da gibt es Scham-Schranken, und es gibt auch Dinge, die man nicht oder erst später veröffentlichen kann, weil die Hemmung, die man überwinden müßte, zu stark ist. Das wichtigste ist mir, was mich bewegt, überhaupt in Worte zu bringen, es aus der Rohfassung von Empfindung und Erfahrung in Sprache und Form zu übertragen. Ich habe diesen Enthemmungs-Vorgang immer wieder zu leisten, wenn ich mich mit meinen Gedichten bei Vorlesungen konfrontiere. Gebe ich eine Sammlung in Druck, überantworte ich die Gedichte dem Leser, er ist mit ihnen allein, kann sie bejahen oder negieren. Aber wenn ich vor einem *Auditorium* sitze, kostet es mich manchmal einige Anstrengung, diese Selbstdarstellung oder Selbstentlarvung zu betreiben. Ich überwinde die Hemmung, weil ich mir sage, wenn man einmal den Entschluß gefaßt hat, in der Poesie *ich* zu sagen, muß man diesen Sprung immer wieder machen, muß die Konsequenzen tragen. Das hat Rückwirkungen, und ich habe auch die poetisch re-

flektiert. In »Zwiegespräch« gibt es ein »Gedicht des Un-
muts«: »Verkaufte ich nicht meinen Schatten? / Verlor im
Spiegel mein Gesicht? / Die Unschuldstage, die wir hat-
ten, / Veräußerte ich im Gedicht.«

Jeder ist gezwungen, in einem System von Abhängigkei-
ten, Verbindlichkeiten, Alltäglichkeiten, Trivialitäten zu
leben. Alle haben wir zu tun mit Dingen, die uns wider-
stehen. Unablässig muß man irgendwas bewältigen, tech-
nische Dinge des Alltags, Verpflichtungen in dem Um-
kreis, in dem man lebt, gegenüber der Familie, gegenüber
Freunden und Bekannten. Man hat immer einen Traum,
oder ich habe ihn, weiß aber auch von anderen, daß sie
ihn haben, den Traum, daß man den Schwebezustand von
Unabhängigkeit zurückgewinnen könnte: Erinnerung an
die frühe Kindheit, in der man ohne Belastung war, in der
man die Welt ohne Verpflichtung erlebte. Lange träumt
man davon, daß man irgendwann Freiheit und Leichtig-
keit zurückerobern wird, und resigniert mit der Zeit:
Niemals wird man diese Freiheit wiedergewinnen, es sei
denn, man würde so alt und senil, daß man aus der Ver-
antwortung herausfällt. Meine Gedichte führen vor, wie
ich Abhängigkeit bejahe. In vielen Gedichten spreche ich
über die nackte, alltägliche, triviale Existenz, schildere sie
positiv, weil ich weiß, das muß so sein, kann nicht anders
sein, ist eben lebensnotwendig. Aber in dieser alltäg-
lichen Welt der Notwendigkeit will ich Freiheit zurück-
gewinnen, einen Schwebezustand des *Trotzdem*, durch
Poesie. Durch sie gewinne ich Überlegenheit. Ich be-
herrsche und verwandle die alltägliche Existenz, indem

ich ihr Form auferlege, sie durch Worte zwinge zur *Schönheit*. Poesie ermöglicht mir Großzügigkeit gegenüber anderen Menschen. Sie ist der Fonds, aus dem ich lebe. Würde ich diese Verwandlung des Schweren ins Leichte nicht schaffen, wäre ich unwillig und übellaunig und würde auf Menschen, die mit mir zu tun haben, negativ wirken.

Schwer ist es, diese Leichtigkeit herzustellen. Je mehr die Abhängigkeiten und Verbindlichkeiten zunehmen, die durch das Veröffentlichen entstehen und jedes Jahr anwachsen, desto schwieriger wirds mir, mich wenigstens phasenweise zurückzuziehen auf mich selbst. Das aber ist die erste Vorbedingung für Poesie. Ich reflektiere Leben, reflektiere Erfahrung, aber das muß ich für mich allein tun. Der Preis für meine Poesie, den ich selber zahle, ist Abgeschiedenheit und Einsamkeit. Ich bin ein, phasenweise, sehr einsam lebender Mensch. Wenn ich diese Einsamkeit nicht herstelle, schreibe ich keine Gedichte mehr. Dann aber, wenn es mir gelingt, Gedichte zu schreiben, lebe ich wie in einer Hülle aus Worten. Wenn sie in mir entstehen, das geht manchmal über längere Zeit, über Tage sogar, umgeben sie mich ständig. Das ist ein fast unbewußt ablaufender Prozeß, und manchmal gelingt es mir, ihn zu erhalten, auch wenn Leute kommen, sogar wenn viele Menschen um mich sind. Wenn *es* angefangen hat, gehen die Worte durch mich hindurch, sind unablässig da, formieren sich, laufen als Zeilen in mir ab, ich prüfe sie, höre ihren Klang, wandle und variiere sie, bei allem, was ich nebenher praktisch tue. Das ist ein belastender, aber großartiger

Zustand, nach dem man sich wieder sehnt, wenn man ihn einmal kennengelernt hat. Meine unglücklichsten Phasen sind, wenn ich lange hinlebe, ohne daß *es* mir geschieht. Das heißt aber nicht, ich sehnte mich nach Flucht oder Rückzug aus einer mir widerstrebenden Welt. Ich lebe sehr im Wirklichen und bejahe es, auch in seinen unangenehmsten Formen, die es haben muß, da der Mensch bei seiner Existenzerhaltung nun einmal der *Notdurft* unterliegt.

Leben ist immer eine Kraftprobe, und die eigentliche Leistung des Dichters ist die Bejahung des Irdischen, seine rücksichtslose Benennung und dennoch schlackenlose Verbrennung zu Sprache und Licht.

Ich bin keine Schriftstellerin, die sich mit Problemen befaßt. Natürlich gehen durch mich viele Dinge hindurch, die für die Zeit charakteristisch sind, sie fliegen mich an, weil sie mich in meiner Existenz betreffen. Ich schreibe über sie, sobald ich mit ihnen fertigzuwerden habe. Nicht das abstrakte Problem beschäftigt mich, daraus kann ich keine Poesie machen. Für mich muß das erst *vital* werden.

Meine Existenz wird nicht nur bestimmt von meinen Bedürfnissen und Interessen, sondern auch vom Leben meiner Familie, meiner Freunde, meiner Leser, und sie ist vom Ablauf der Zeit geprägt, von räumlichen Erweiterungen und Einschränkungen (von tausend Dingen ist die Einzel-Existenz betroffen). All das reflektiere ich in Poesie. Aber ich kann mir kein Problem *nackt*, *theoretisch* vorstellen, das ich in Gedichte umsetzen könnte.

Es mag Dichter geben, die es können, die nach anderen Prinzipien verfahren. Ich bin nicht so ein Dichter.

Ich will keinen Sinn *vorfabrizieren* für andere Menschen, will auch keine *Tabus* brechen. Über den Tod schrieb ich, wenn er für mich von *vitalem Interesse* war, Interesse ist natürlich das falsche Wort. Wenn er mich belastete, umstellte, wenn ich Ängste hatte, begründete oder unbegründete, versuchte ich in Gedichten frei zu werden, eine Überwindung von Todesfurcht zu schaffen. Auch wenn in meiner Familie oder im Freundeskreis ängstliche Dinge geschahen: Jemand ist durch Krankheit *verurteilt*, und er weiß es nicht mal ... Für mich ist das eine unauflösliche Geschichte, über die ich immer wieder *denken* muß. Vielleicht werde ich in nächster Zeit nicht mehr drüber schreiben, weil ich sie innerlich, und auch in der Poesie, zu einem gewissen Abschluß gebracht habe. In »Zwiegespräch« steht das Gedicht »Welle«: »Ich antizipiere den Tod ...« Das habe ich geschrieben in einer für mich kritischen Situation. Im Zusammenhang mit dem Gedicht, in der Zeit, in der es entstand, bei dem Prozeß, der in mir ablief, fühlte ich zum ersten Mal: Jetzt habe ich die Furcht vorm Tod überwunden. Ich habe eine innere Erfahrung gemacht: *Rasende Angst* führte zu einer *Eruption von Licht*. Ich spürte erleichtert: Jetzt bin ich drüber hinaus. Das Gedicht ist etwa zwei Jahre alt. Inzwischen hatte ich keine Anfälle von Todesfurcht mehr. Es war also wohl eine wirkliche Überwindung. Ich hatte noch Angst um Menschen, die mir nahestehen, aber das *Phänomen Tod* hat sich für

mich verändert. Niemals war es die Lust, *Tabus* zu bre-
chen, wenn ich das Wort Tod benutzte in einem Gedicht
oder ein Gedicht über den Tod schrieb oder in irgend-
einer Partie eines Gedichtes über ihn *reflektierte*. Es war
für mich in der Situation notwendig. Ich würde weder
mit Gott, wie in einem älteren Gedicht steht, noch mit
dem Tod Scherz treiben. Er ist, für mich, eine viel zu ge-
waltige Erscheinung, als daß ich aus purem Übermut das
Wort Tod verwenden würde in einem meiner Gedichte.
Nur aus Lust das Tabu zu brechen, das die Gesellschaft,
aus Scheu, dem Wort und Phänomen Tod auferlegt hat,
würde mir niemals einfallen.

Christen fragen mich: Wie halten Sie es mit *Gott*? Aus
meinen Gedichten müßte es abzulesen sein. »Ich leb
mein Leben ohne Gott, / Aber mit seiner Negation …«
Ein anderes Gedicht heißt »Atheism«. Es gibt aber be-
stimmte *überkommene* Begriffe, die ich nicht entbehren
kann. Ich habe *Gott* in meinen Gedichten verfremdend
hervorheben lassen, es gibt auch andere, nicht nur sa-
krale Worte, die ich so benutze. Sie stehen für mich in
Anführungsstrichen und brauchen im Druck Heraus-
hebungen. Worte wie Gott, Segen, Sünde, Seele sind
Sprachbilder, die noch nicht *ersetzt* wurden, und so ver-
wende ich sie. Theologen fingen Dispute mit mir an,
und wenn ich mich weigerte, zuzugeben, daß auch nur
eine Spur Gottglauben in mir wäre, wollten sie mir ver-
bieten, diese Worte zu benutzen, sie sagten: »Sie haben
kein Recht, Segen oder Fluch oder Gott zu schreiben,
das steht Ihnen nicht zu!« Es gibt Christen, die mich

zum Glauben überreden möchten, auch Anthroposophen versuchen es. Ich kann ihnen nicht helfen, nicht dienen, ich bin ein – ich spreche es aus – absolut ungläubiger Mensch und habe auch keine Ersatzsysteme gefunden.

Wie die alte asiatische Poesie liebe ich Laotse. Das »Tao-teking« ist für mich ein großes Buch, und nicht nur, weil in ihm der Satz steht: »Das Weibliche überwindet das Männliche durch Stille«, heimliches Motto meines ersten Gedichtbandes, gegen dessen Titel und Haltung Männer laut polemisierten … Aber auch andere Dinge beeindrucken mich, so faszinieren mich Legenden und historischer Kern der Bibel, natürlich die Bildwelt der Sprache, auch an der inspirierten Poesie alter Kirchenlieder hänge ich, und ich *Ungläubige* bin unwillig über die reformierten Texte, die ich bei Beerdigungen hier im Dorf mit anhören muß. Die Luthersche Sprache war für mich *absolut*. Jetzt ist das so eine bürokratische Sprache geworden, hat an Substanz eingebüßt. Ich halte weiter an den alten Texten fest als an einer Ur-Kraft, die in unserer Sprache steckt. Sprache, wenn sie Kunst ist, geht ja nicht in ihrem Inhalt auf, so wie die Ikonenmalerei nicht mit dem Glauben vergeht. Aber ich kann niemandem gefällig sein mit Glauben, mit irgendeiner Art von Transzendenz. Ich glaube nur an den Menschen. Mich erregt Menschenwerk, was Menschen gebaut, geformt, geschrieben, geschaffen haben. Es gibt so große Leistungen einzelner Menschen! Nicht nur die kollektive Leistung der Menschheit ist bewunderungswürdig und darf nicht gefährdet werden.

Wer versucht, etwas aus sich herauszustellen, braucht Beispiele von Menschen, die in diesem einen begrenzten Leben, das auch sie nur hatten, wie einen Turm ein Werk aufgerichtet haben, ein bildnerisches oder literarisches Werk. Solche Lebenswerke hüte ich, sie bedenkend, in mir. Nach ihnen suche ich überall, und ich finde bedeutende Leistungen in allen Epochen, an sie halte ich mich, mehr habe ich nicht, über mehr verfüge ich nicht, aber mir reicht es auch.

Das wichtigste Gefühl, das ich suche in alter Literatur oder anderen Formen von Kunst, ist das Gefühl für den Ablauf von Zeit. Mich fasziniert Zeit als *Phänomen*, es spielt eine große Rolle in meinen Gedichten.

In alten Bauwerken, auch sakralen, ist schon die Luft von Zeit erfüllt. Es gibt *Atem-Ablagerungen* von Generationen. Ich kann diese Ablagerungen aber auch sehen. 1971 und 1974 war ich in der Stadt Mostar in der Herzegowina. In Mostar gibt es, aus der Türkenzeit, eine vierhundert Jahre alte Steinbrücke über die Neretva. Mulden sind in den Stein getreten. Wie viele Menschen mögen über diese Brücke gegangen sein! So ist es auch in Kirchen. Die Steinböden wurden in Jahrhunderten geglättet, das Holz des Gestühls ist abgegriffen und geschliffen ... Diese alten Bauwerke zeigen ja nicht nur architektonische Harmonie – Skulptur und Malerei wirken mit im Optischen –, wenn die Kirche *arbeitet*, ist auch Musik da. Gelegentlich habe ich solche ästhetischen Gesamt-Effekte erlebt: In einem orthodoxen Prachtbau in Tbilissi, im Kirchlein nahe dem Moskauer

Tolstoihaus. Zufällig bin ich hineingeraten … Einmal wollten wir auch den Naumburger Dom besichtigen, den ich bisher immer nur von außen gesehen hatte. Gottesdienst war, aber der Prediger hat mir den Eindruck des Bauwerks und das Gefühl für den Ablauf von Zeit zerstört –, seine Sprache war flach, unsinnlich, sinnlos. Sonst sehe ich auch sakrale Räume nur als architektonische oder Lebensräume (den Einfall des Raums in die Zeit oder der Zeit in den Raum, aufs *Irdische* verkürzt), und das macht auf mich einen Eindruck, aber so wie andere Kunst und anderes Menschenwerk.

In Südjugoslawien, bei der Stadt Bitola in Makedonien, gibt es die römische Siedlung Heraklia, von der große Flächen freigelegt wurden: Ein Amphitheater, Wohnhäuser, Bäder, Plätze, Fußböden mit Mosaiken, das wirkt auf mich ebenso wie eine gotische Kirche.

Einer meiner Lieblingsplätze in der Welt ist der Platz vorm Markttor von Milet im Pergamonmuseum von Berlin. Das ist ein Ort, an dem ich *Zeit* spüre, der für mich eine meditative Atmosphäre hat. Ich kenne mehr solcher Welt-Stellen: Die tote Stadt Tschufut Kalee im alten Taurien auf der Krim, Kazimierz in Polen, Sweti Naum am Ohridsee, Tolstois Jasnaja Poljana, Puschkins Michailowskoje. Aber dieses Gefühl für den Ablauf von Zeit kann ich mir auch herstellen, wenn ich Reproduktionen ansehe, Bildbände der alten mexikanischen Kulturen oder von Luxor.

Von Anfang an habe ich versucht, Sprache in meinen Gedichten so zu behandeln, daß der *Sinn* überschaubar bleibt, kann aber keine *Konzessionen* machen durch Einschränkung der Gegenstände. Meine Nachbarn und auch viele Leser kennen die Künstler nicht, von denen ich schreibe, haben die Orte nie gesehen, an denen ich war. Doch Menschen, die von Poesie fasziniert sind, holen vieles nach. Als ich zu veröffentlichen begann, hielt ich das nicht für möglich. Ich dachte, jemand, der den Namen Chagall nie gehört, kein Bild von ihm gesehen hat, kann eben mit meinem Chagall-Gedicht nichts anfangen ... Leser haben sich *aufgemacht* und nach ihm gesucht, andere sind durch Gedichte über Puschkin dazu gekommen, Puschkin zu lesen, mit Paustowskij ging es ebenso. Die Poesie trifft auf Menschen, die unablässig ihre Kenntnisse (und Erkenntnisse) zu erweitern suchen: »An Ihren Gedichten habe ich festgestellt, daß ich vor der Natur bisher blind war« ... Mancher ist hinausgegangen nach Pflanzen, die ich mit Worten zu *machen* versucht hatte, und einer schrieb mir: »Jetzt weiß ich endlich, was Weidenrosen sind ...«

Seltsamer Nebeneffekt, der mich natürlich freut. Ich hatte schon gewisse Bedenken wegen *Verständlichkeit*, wie bei dem Gedicht über Chagall. Für jemand, der nichts weiß über seine Biographie, muß es fast sinnlos sein, es klingt ihm vielleicht nur schön ... Das Gedicht wurde oft übersetzt und nachgedruckt, Paul Dessau hat es schon früh komponiert, aber daß der Kreis von Menschen, die mit Chagall vertraut sind, sich erweitert hat durch das Gedicht, freut mich fast mehr. Ich glaube, man kann darauf setzen, daß nur Menschen, die in einer bestimmten Weise *organisiert* sind, zur Poesie greifen.

Es sind viel mehr, als ich vermuten konnte, und sie gehen auch den nächsten Schritt mit einem, sie investieren, stellen Fragen: Wo kann ich etwas über dies oder jenes finden, wie kann ich zu einer Anschauung davon kommen? Das betrifft sogar Landschaften. Wegen meiner Jalta-Gedichte haben Leser auf eine Krim-Reise hingearbeitet. Sie wollten in Jalta und im Nikitski Sad umhergehen und zum Ai Petri hinübersehen. Sie haben all meine Plätze aufgesucht, und ich hoffe, sie haben *sich* dort gefunden …

Ich reflektiere *meine* Erfahrungen und vertraue darauf, daß Menschen, denen Poesie notwendig ist, auch die Mittel finden werden, was ihnen an Assoziationen nicht gleich zufällt, durch neue Kenntnisse zu ermöglichen.

Trotzdem kann man nicht *jedermanns* Dichter sein. Es gibt viele Dichter in unserer Zeit, und es gibt alte Dichter, die man sich gewinnen kann. Ich mache keinen Anspruch, daß allen Leuten meine Gedichte gefallen sollen. Menschen, die meine Gedichte gern haben, sind wahrscheinlich von ähnlicher Wesensart wie ich, haben eine ähnliche Lebenshaltung, sie empfangen auf der Frequenz, auf der ich sende. Es ist ja nötig, daß man eine Art Gleichstimmung empfindet zu jemand, von dem man etwas annehmen soll. Ich könnte nicht anders schreiben, als ich schreibe, selbst wenn ich gar keine Leser hätte. Das geht aus meiner Lebenssituation hervor, aus meinen Passionen, aus meiner Neigung für den einfachen und strengen Alltag, den die Menschen zu bestehen haben, in deren Umgebung ich lebe.

Leser sagen mir, sie *existieren* mit meinen Gedichten. Menschen, die in schlimmen Situationen waren, schrieben: »Ich war zu einer Operation und hatte Ihre Gedichte mitgenommen. Nun hab ich es überstanden und will Ihnen sagen, gerade weil Sie über Tod und Todesfurcht schreiben, haben Sie mir geholfen ... Sonst wird der Gedanke an den Tod, ans Sterben, doch immer verdrängt ...«

Ich glaube, die *Wirkungs-Mechanik* entsteht, weil ich nicht sage: »Mache es so, verhaltet euch anders ...«, sondern immer nur von mir rede. Von einem Dichter, der aus der Distanz lehrt und so eine Art prophetischer Haltung hat, nehmen sie weniger an. Ich hab versucht, alles so *niedrig* wie möglich zu machen, sinnlich und sinnfällig von Dingen zu reden, die mich in der Welt bewegen. Weil ich mit *mir* rede, kann ich »ketzerisch einfach« sein. Es gibt eine *hohe* Poesie, die sozusagen *von oben runter* auf die Leute geht, und eine, die sich mit ihnen auf gleicher Ebene verbindet.

Immer schon gab es Dichter, die mit einer gewissen Harmlosigkeit und *Anspruchslosigkeit* von sich sprachen und sich mit ihrem eigenen Leben auseinandersetzten. Ich gehöre von Anfang an zu dieser Richtung.

Der Ansatzpunkt für viele Menschen (die eigentlich mit Poesie nichts im Sinn haben), Gedichte wie die meinen zu lesen, ist, daß sie keine Schranke, keine *Barriere* empfinden. Sie nehmen die Gedichte hin wie Dinge, die sie selbst hätten sagen können, und haben das Gefühl: wenn ich mich damit befassen würde, wenn ich Zeit und die Voraussetzungen hätte, würde ich, was ich zu sagen habe, in dieser Weise sagen.

Was ich mache, ist aber nur scheinbar eine *einfache* Poesie.

Man kann Einfachheit wieder herstellen. Auf einer zweiten Stufe von Erkenntnissen und Erfahrungen kann man eine künstlerische Einfachheit schaffen, die keinesfalls mit der naiven Einfachheit der Leute gleichzusetzen ist, die mir ihre Gedichte schicken.

Viele Leser senden einem Dichter eigne Poesien. Manchmal kommen ganze Pakete mit Versen, in denen die Schreiber *munter* ihren Tageslauf bedichten. Es gibt Vers- und Reimkonstruktionen, Halbfabrikate – Scheinpoesie, die sich anbietet –, was man sich an *schönen Sprachbildern* so angelesen hat. Die Schreiber meinen, was sie machen, wäre dem, was ich mache, ähnlich. Es ist etwas vollkommen anderes. Ich versuche, so einfach wie möglich zu sein und dabei doch eine vom Üblichen abweichende Sicht auf die Dinge zu haben. Die Sprache, die ich nehme, ist Alltagsmaterial, aber was ich daraus mache, kommt im *Sprachalltag* nicht vor. Die Gedichte dürfen keine Bildklischees enthalten, keine Sprachkonstruktionen, die schon benutzt wurden. Immer suche ich Varianten, Abweichungen, konträre Formulierungen.

Vor einiger Zeit schickte mir jemand, der sich mit Informationstheorie befaßt, eine Arbeit. Er hat herausgefunden, was ich von naturwissenschaftlichen und philosophischen Erkenntnissen unserer Zeit in Gedichte aufgenommen habe, und hat nachgewiesen, daß sie entschieden *modern* sind, daß sie manchen Leuten nur *traditionell* aussehen. (Verlaine, der heute als *Neuerer* gilt, hielt man zu seiner Zeit für einen *Traditionalisten*, Zwetajewa ging es ähnlich.)

Es gibt Grenzen der Aufrichtigkeit. Die Möglichkeit, aufrichtig zu sein, ist nicht zu allen Zeiten gleich groß, und sie ist in gewisser Weise immer bedingt, auch durch die Wahl der Gegenstände. Man versucht, schreibend so weit zu gehen, wie es einem selbst erträglich ist. Bestimmte Dinge bewältigt man vielleicht niemals, andere später. Manches, was man lebend erfährt, braucht Zeit, einen Prozeß von Überwindung und Klärung, ehe man es in Poesie übertragen kann. Die Fähigkeit zur Aufrichtigkeit ist also keine *Konstante* und stellt sich vor allem als ästhetische Hürde dar. Wenn man ein Gedicht zu schreiben beginnt, steht sie nicht als *moralische Kategorie* vor einem. Man stellt sich die Frage überhaupt nicht theoretisch. Es ist immer der bestimmte Fall, die bestimmte Situation, in der man überwältigt wird von einer Erfahrung, von einer Erscheinung, und man versucht an die Grenzen dessen zu gehen, was man überhaupt sagen kann. Alle Kategorien ästhetischer oder moralischer Art sind Verallgemeinerungen, die aus der Kunst und dem Leben gezogen werden, und sind für den, der ein Gedicht oder einen Roman schreibt oder Musik macht, im Moment des Entstehens nicht da, das sind Fragen im nachhinein. Ich reflektiere im Augenblick, in dem ich schreibe, nicht darüber, ob es mir möglich sein wird, aufrichtig zu schreiben. Das ist eine

Frage von Kunstmitteln: was überträgt sich in Sprache, wie weit ist Sprache überhaupt *fähig* zu sagen, was ich ausdrücken möchte? Etwas anderes ist die wachsende Erfahrung. Im Laufe meines Lebens habe ich Einsichten in meine früheren Handlungen gewonnen. Nach zehn Jahren könnte ich vielleicht aufrichtig über eine Situation schreiben, in der ich in jenem früheren Lebensstadium war. Damals war mir Aufrichtigkeit nicht möglich, weil mir die Einsicht fehlte, nicht, weil ich nicht aufrichtig sein wollte. Ich glaube aber, daß es immer gewisse Barrieren geben wird, sich zu offenbaren, selbst dem nächsten Menschen, mit dem man lebt, selbst den Freunden, und das betrifft auch die künstlerische Äußerung. Es ist keine Sache des *Bewußtseins*.

Ich könnte es mir leicht machen und sagen: viele Leser schreiben mir als Kriterium, warum ihnen meine Gedichte gefallen: »Weil Sie so aufrichtig sind, weil Sie aussprechen, was Ihnen geschieht, weil Sie ganz offen, ganz wahr sind!« Das ist ein Satz, der mir immer wieder begegnet, trotzdem kann ich ihn nicht akzeptieren als *Qualitätsmerkmal* meiner Gedichte.

Manche Einschränkungen erfolgen vielleicht sogar *automatisch*. Auch eine Sache, die ich poetisch reflektiert habe im letzten Jahr: »Wir sind einander die Schonung schuldig, / Unsere nackten Seelen nicht zu enthüllen, / Und die Abgründe unserer Liebe geduldig / Mit Worten der Liebe aufzufüllen.« Das ist eine Folge von Vierzeilern, Sprüchen, in einem Gedicht: »Selbstbesinnung vorm Spiegelgesicht, / Innewerden tieferer Schichten, / Immer verborgen in offnen Gedichten: /

Nächtliche Lust scheut nicht das Licht ...« Bestimmte Grenzen werden aufgehoben, ich schreibe *unbefangen* über Liebe: »Vielleicht bin ich schamlos, ich lobe die Liebe. / Offen gesprochen: Ich liebe ums Leben ...« Über Liebe *rede* ich nicht im *wirklichen* Leben, aber im Gedicht kann ich drüber schreiben. Doch es gibt Dinge, die *nicht* in Sprache kommen. Vielleicht ist es auch das Bewußtsein, daß Lyrik den Augenblick fixiert, und man weiß, daß Empfindung dem Wandel unterworfen ist. Manchmal hat man das Bedürfnis, etwas ganz radikal auszudrücken: »Auf manche Lebenslagen / kann ich nur *ordinär* reagieren. / Meine Gedichte möchte ich dem Verlag / Mit folgendem Brief *offerieren*: / Da habt ihr den *Mist*, / Macht was ihr wollt, damit. / Druckt ihn oder nicht, / Ich bin sowieso damit quitt, / Und begreife nicht, wieso ich das schreiben mußte. / Als ob ich mir weiter nichts Besseres wußte / Als Verse drechseln, Schwachsinn vermaledeiter! ...« So was kommt auch in Poesie, ich hab mir damit geholfen in einer kritischen Phase, daß ich Unmut und Unlust in Verse brachte. Das hebt sich dann auf mit der Zeile: »Ein Hundsfott, wer die Dichter versteht!«

Schizophrenie, mit der man lebt, in den »Briefen aus Schulzenhof« steht, es ist eine krankhafte Abart der Normalexistenz, wenn jemand unablässig das Bedürfnis hat, ein Substrat aus sich zu treiben und in Worte zu bringen, und ich beneide Leute, die es nicht müssen, die in sich *geschlossen* leben können, und auf dieses gespaltene Bewußtsein hab ich mit dem Gedicht reagiert.

Ich schreibe – soweit möglich – deutlich und drastisch, wie ich bin, und was ich von mir denke, das ist, so scheint es, eine Ermutigung für andere. Sie sagen: »Ach, sieh mal an, es geht mir nicht allein so! Nicht nur ich habe diese Zweifel, Anfälle, Mißstimmungen, Schwierigkeiten, das ist also was ganz Normales!« So reagieren viele: »Ich dachte immer, nur mir fiele es schwer, den Alltag und das, was drüber hinaus bleiben müßte, in Einklang zu bringen; meiner Familie, meinem Beruf gerecht zu werden und mich abzufinden mit dem Ablauf der Zeit …«

Aber alle nennen, abgesehen von diesem psychologischen oder inhaltlichen Faktor, noch etwas anderes. (Man könnte ja auch Aphorismen machen oder einen Prosatext, in dem man sich selbst analysiert.) Die Leser bekennen sich zu Sprache und Form der Gedichte, zu ihrer *Musikalität*. Ob ich öffentlich lese, oder ob Leute mir schreiben, ich glaube zu sehen, daß das *Ästhetische* eine Hauptrolle spielt bei der Wirkung. Denn manches ist nur *Spiel*, Spiel mit dem Schein einer Erscheinung, es gibt kleine Gedichte, Vierzeiler, die ein Nichts von Leben einfangen. Leute sind auch von Gedichten eingenommen, in denen es um keine großen Sachen geht.

Ein estnischer Freund hat im Zusammenhang mit den Gedichten einen Satz gebraucht (ich weiß nicht, ob er von ihm stammt oder ob er ein Zitat ist, ich hab ihn nirgendwo anders gefunden), er schrieb: Ein Gedicht ist immer ein Geheimnis zwischen zwei Menschen. Das war ein schöner Satz, der mir einleuchtete, aber zunächst braucht das Gedicht (mein Gedicht) kein *Gegenüber*. Ich habe viele Gedichte geschrieben, die niemand kennt außer mir, wirklich kein zweiter Mensch. Sie sind für meine *innere* Existenz wichtig. Vielleicht wird sie nie jemand zu sehen bekommen ...

Veröffentlicht habe ich selbstverständlich in der Hoffnung auf Resonanz.

Resonanz spürt man vor allem bei Leseabenden. Es kommen eine Menge Leute, und es gibt Gespräche hinterher, an den verschiedensten Orten, kleinen Orten, großen Orten. Das Schönste ist, wenn man in eine Kleinstadt kommt, und manchmal ist es mir geschehen mitten im Winter und mitten in der Woche, und eigentlich nimmt man an, daß gar kein Mensch kommen könnte, weil alles verschneit und es unbequem ist. Ich würde kaum den Aufwand treiben und zehn, zwanzig oder dreißig Kilometer in die Kreisstadt fahren, um einen Dichter zu hören. Das ist schon eine Wirkung, die man spürt, und dann noch intensiver durch Briefe. Erstaunlich, wie viele Leser das Bedürfnis haben, mit dem Dichter ins Gespräch zu kommen. Die meisten schreiben: »Ich hab es lange überlegt«, oder »Ich habe viele Ansätze gemacht«, oder »Ich will es seit drei Jahren, aber nun entschließe ich mich endlich ...«

Briefe sind wichtig, weil man durch sie den eigenen Erfahrungsbereich erweitert, man selber lebt ja nur einen bestimmten Umkreis aus, meinen ländlichen kenne ich gut, weil ich hier schon lange wohne, dann den Berliner. (Seit fast dreißig Jahren haben wir im Zentrum von Berlin eine Wohnung und kennen die Leute, ihre Schicksale und deren Verwandlungen.) Durch Briefe, die aus allen Teilen der Republik und auch von weiter her kommen, erfahre ich Lebensgeschichten und Lebensansichten, und sie *schlagen* sich *nieder* in dem, was ich schreibe. Obwohl man natürlich selten etwas *Konkretes* aufnimmt, bestätigt sich doch eine bestimmte Lebenshaltung und Lebenserfahrung, und man gewinnt im Menschlichen ein Gefühl der Sicherheit, das einen trägt beim Schreiben. Künstlerisch kann man es ja nie bekommen. Nicht mal zehntausend Briefe zu meinen Gedichten können mir künstlerisch eine Sicherheit geben. Sie können mich nicht von der Verpflichtung befreien, mich in Verhältnis zur Kunst zu setzen, das, was ich mache, in Beziehung zu dem, was an Kunst geschaffen wurde im Lauf von Jahrtausenden, zu sehen. Das ist meine eigene Angelegenheit und immerwährende Verantwortung und immerwährende Last. Aber im Alltag gibt es ein Gefühl von *Notwendigkeit*, von Lebensnotwendigkeit, für das, was man tut. Es nimmt einem die Angst, was man macht, könnte ohne Sinn sein, und eigentlich hätte man keine Legitimation zu dem, was man betreibt, denn natürlich ist Schreiben etwas Extraordinäres. Es sind so wenig Leute, die sich mit Kunst beschäftigen in einer Menschengemeinschaft, daß jeder, der ernsthaft schreibt, mit der Frage zu tun hat: »Hat das Sinn, hast du ein Recht dazu, müßtest du dich nicht mit anderen Dingen befassen?« Diese Resonanz, die von den Lesern kommt, stützt einen, nicht dadurch, daß sie sagen: »Mir gefällt das außerordentlich«, oder »Wie angenehm schreiben Sie …« Den Lesern ist Poesie ein Assoziationspunkt für Reflexion und Darstellung ihres eigenen Lebens, und dadurch gewinnt der Erfahrungsfundus, aus dem man arbeitet, eine gewisse Allgemeingültigkeit. Ich sehe, daß nicht nur Menschen meines Alters, sondern auch jüngere oder ältere unter den gleichen Lebenserscheinungen leiden und auch die gleichen Lebensanrufungen empfinden wie ich: Viele fühlen sich verantwortlich für das, was um sie herum geschieht, sie wollen sich nicht begrenzen auf angestammte Verantwortung im engen Kreis der Familie oder auf ihren Teil der Arbeitswelt. Sie stellen sich *Sinnfragen*, die ihre *Existenz* betreffen, und versuchen ihren Lebensbereich zu erweitern. Sie wollen nicht selbstgenügsam sein und haben sich zu einer Haltung *durchgearbeitet*, in der sie Einverständnis mit ihrem Alltag herzustellen bemüht sind und eine Produktivität darüber hinaus suchen. Sie wollen Freundlichkeit aufbringen für andere Menschen und Menschen, die in Not sind, helfen, wollen etwas für ihre Bildung gewinnen, was nicht im Zusammenhang steht mit ihrer Arbeit, wollen ihre Anschauung von Wirklichkeit erweitern.

In der Gesellschaft gibt es ein großes geistiges Potential und eine durchaus philosophische Grundhaltung. Ich kann nicht in die Klagen oberflächlich Urteilender einstimmen, daß im sogenannten *Industriezeitalter* und mit Anwachsen der Zivilisation automatisch eine Verflachung von Lebensauffassung eintreten müßte. Ich glaube eher, das Gegenteil stimmt. Ja, ich weiß es durch tausende Briefe von Menschen der verschiedensten Berufe und jeden Alters. Das geht bei Schülern und Studenten an, bis zu ganz alten Menschen hin, die ihr Leben aktiv zu leben versuchen und einen Sinn herzustellen streben in ihren späteren Tagen. Und Poesie bildet einen Kristallisationspunkt von Lebenseinsicht und Lebenslust, auch von Überwindungshaltung gegenüber Schwierigkeiten, Leiden und Zweifeln, und sie ist ein *Verbindungsmittel*.

Eine große Erfahrung! Ich weiß aber, kritisch bin ich mir dessen bewußt, daß es auch eine Verführung ist, die eigene Identität zu verlieren. Durch jeden Brief, den man bekommt, wie auch durch jede Kritik, wird man mit sich selbst konfrontiert. Kritiken braucht man nicht zu lesen, aber auf Briefe muß ich antworten, da sie persönliches Vertrauen beweisen. Durch jede Reaktion trete ich mir gegenüber, sehe mich von außen, die Leute reden mich an, haben ein Bild von mir durch die Gedichte, aber ich weiß, daß Gedichte nur ein Teil meines Wesens, meiner Existenz sind, und daß ich oft Mühe habe, mich meinen eigenen Worten anzugleichen. Phasenweise vergesse ich überhaupt, daß ich Gedichte schreibe oder geschrieben habe, und ich weiß manchmal nicht, von wem die Leute sprechen. Das Bild, das sie sich von mir machen, ist viel zu großartig, und die Gefahr wäre natürlich, daß ich mich mit diesem Bild identifiziere, mich selber so sehe, wie die Leute mich sehen. Das würde mir sofort die innere Unabhängigkeit und Unbefangenheit nehmen, weiter so über mich und meine Situation zu schreiben, wie ich es bisher getan habe. Ich würde die Quelle meiner Poesie zuschütten.

Das ist nicht nur meine Erfahrung. Hermann Hesse hat darüber geschrieben, wie sich die Lage des Dichters verändert, wenn er veröffentlicht, mit *Erfolg* veröffentlicht. Auch er kannte die Mühe, zur eigenen Identität zurückzufinden. Eben deshalb sind Phasen der Absonderung wichtig, und es ist mir wichtig, mein Leben so weiterzuführen, wie ich es geführt habe, als ich begann, Gedichte zu schreiben. Meine alltägliche Existenz mit ihren vielen Verpflichtungen ist der Poesie günstig. Vielleicht ist das Leben einer Frau, das durch *Trivialität* determiniert ist, ein gutes Mittel gegen *Auserwähltheitsgefühle*.

Doch Leben ist eine dialektische Angelegenheit, Spiel und Gegenspiel, und so geht es in Poesie ein: Ich wußte und weiß um Lebenserfahrung und Lebensgewinn, die mir Familie und Kinder brachten und bringen, all die Verpflichtungen, von denen ich niemals frei werde. Andererseits schränken sie meine Bewegungsfreiheit, oft auch meine Gedanken, ein, und in Phasen, wo mir kritisch bewußt wird, daß es eine Einschränkung ist, bin ich, wie andere Frauen, der Angst unterworfen, daß, was ich an Zeit investieren kann in mein *Werk*, nicht zureicht, um es zu der Höhe zu bringen, die es vielleicht haben könnte, wenn ich *frei* wäre.

Meistens zweifle ich aber, daß ich eine künstlerische Grenze überschreiten würde, wenn ich mehr Zeit hätte. Dann glaube ich, daß das nicht *die* Frage ist.

Abhängigkeit wird mir kritisch bewußt, wenn ich längere Zeit weg und ein Mensch für mich selbst war. Wenn ich heimkomme und mir fällt alles entgegen mit Forderungen, dann geschieht, was ich in dem Gedicht

»Empörung« fixiert habe, das auch eine Angst ausdrückt, die Angst, ich könnte unwillig werden zu meinem Alltag und mein Leben zerstören. Ich habe dieses Leben, dreißig Jahre!, gelebt mit Anfechtungen und unrealisierten Fluchtideen. Ich weiß nicht, wieviel Mal ich *ausbrechen* wollte, um dem zu folgen, was ich als künstlerischen Zwang empfand. Ich hab mich immer zurückgenommen, weil ich fürchtete, daß diese Freiheit Verlust wäre. Vielleicht hat es Dichter gegeben in exklusiven Verhältnissen, solche, die wirklich frei und nicht vom Leben bedrängt waren (ich weiß nicht, ich kenne keine), ich jedenfalls muß mit *diesem* Dualismus fertigwerden. Und es zeigt sich: Er ist ein Fonds für Poesie. Unablässig transponiere ich meine Lebensspannung in Poesie, und da sie die *typische* Situation von Frauen in diesem Land charakterisiert, nehmen Frauen meine *rüttelnden* Gedichte in Anspruch.

Ich habe nie viele Leseabende gemacht, im Jahr nicht mehr als sechs oder acht, weil der psychische Aufwand groß ist, größer als der physische und zeitliche.

Man muß sich innerlich einstellen auf eine fremde Situation, man weiß nie, was für Menschen einem begegnen und welche Gespräche man zu führen hat, man fürchtet, ich jedenfalls fürchte, auch die Herausforderung eines öffentlichen Gesprächs.

Ich möchte so aufrichtig wie möglich antworten und keine Vorbehalte machen, aber wenn ich es tue, habe ich hinterher jedes Mal ein peinliches Gefühl, viel peinlicher, als wenn ich Gedichte schreibe.

Wenn ich ein Gedicht schreibe, gibt es eine Fixierung in der Form, die ich in längerer Zeit herstelle. Ich bin für jede Pause in diesem Organismus Gedicht verantwortlich, aber ich kann es mir lange überlegen: die Beziehung der Worte, der Zeilen zueinander, auch der Zwischenräume, die in dem Gedicht stehen, die offenen Stellen, die im Gedicht bleiben müssen. Wenn ich spontan spreche, ist immer eine Unverantwortlichkeit dabei, ein Mangel an Kontrolle, den ich scheue. Nach solchen Veranstaltungen empfinde ich ein Gefühl der Reue über das, was ich gesagt habe. Wenn ich mehrmals hintereinander Leseabende mit öffentlichen Gesprächen mache, kommt es mir vor, als ob das eine Art *Ausverkauf* wäre, als ob es etwas von einem *Billigladen* bekommt.

Ich weiß von Lesern, sie empfinden es als zusätzliche Freude, wenn ich ihnen die Gedichte *vortrage*, aber im *Innern* gibt es bei mir einen Widerstand und die Frage, ob dieses öffentliche Lesen überhaupt nötig ist. Ich empfinde es nicht als notwendig, mich meinen Gedichten beizugeben. Wer liest, nimmt das Gedicht, wie es gedruckt steht, es wird seins, und er braucht mich nicht dazu.

Die andere Seite solcher Lesereisen ist der Gewinn an Erfahrung. Selbst bei kurzem Aufenthalt sehe ich eine Stadt, spüre ihre Atmosphäre. Ich würde kaum in eine Kleinstadt wie Strasburg reisen oder nach Woldegk oder Stolberg im Erzgebirge, wenn kein Anlaß dazu wäre. Eine Vision dieser Stadt nehme ich schon mit mir und Erinnerungen an Menschen, die ich treffe. Auch das gibt eine Bereicherung, auf lange Sicht, aber in dem Augenblick, wo ich drin bin in so einem Leseabend, habe ich ein kritisches Verhältnis dazu und auch noch zu einer anderen Sache, über die ich viel *denke*.

Wenn die Gedichte *anonym* hinausgehen oder anders, wenn sie nur gedruckt sind, treten sie in ein unabhängiges Verhältnis zum Leser, aber wenn ich sie vorlese, stelle ich dieses Verhältnis her. Ich sitze auf einem Podium, erhöht meistens, meine Zuhörer schauen *gläubig* auf mich und sehn mich als abgesondert, auserwählt oder begünstigt an. Nicht im negativen Sinne begünstigt, sondern durch Schicksal, Talent, durch die Fähigkeit, Worte aufs Papier zu bringen. Diese *Absonderung* birgt eine Versuchung. Mit den Jahren habe ich begriffen, daß sich so *Macht* herstellt. Hier eigentlich auf *reine* Weise, durch Poesie. Aber es ist doch eine Macht, die man über Menschen ausübt, und es ist eine *Verführung* (noch stärker als die Selbst-Konfrontation durch Briefe). Es gibt eine Abnutzung von Widerstandskraft. Wenn ich hundert Mal im Jahr hinausginge, träfe ich hundert Mal auf Menschen, die eine Verehrung für Poesie haben, und ich könnte mich mit der Rolle identifizieren, die man mir zuschreibt. Ich weiß aber, daß mich das beeinträchtigen würde in dem, was ich will und was ich mache.

Ich muß ohne diese *Folie* der Bekanntheit, der Verehrung leben in meinem Alltagsleben, muß sozusagen mit der dünnsten Haut existieren, und wenn man sich einläßt auf diese Beziehung zu Menschen, die auf einen schauen, verliert man die unpräparierte, dünne Haut, und man läßt nicht hindurch, was man sonst hindurchlassen würde, man verändert sich.

Früher habe ich nie verstanden, was mit Menschen geschieht, die in eine abgesonderte Stellung geraten, die zu *Macht* über andere Menschen kommen. Inzwischen habe ich die Erfahrung gemacht, daß sich ein *Mechanismus* herstellt in der Beziehung zwischen einem Abgesonderten und einer Gruppe, die auf ihn sieht. Wer dem auf Dauer ausgesetzt ist, muß ein Riese an Widerstandskraft, an Willenskraft sein, um sich dieser Magie zu entziehen. Für mich habe ich nur die Lösung, daß ich mich selten in diese Ausnahmesituation bringe und vom ersten bis zum letzten Augenblick, wo ich in der Öffentlichkeit bin, mir das Bewußtsein erhalte, daß es eine gefährliche Sache ist. Ich lasse mich innerlich nie darauf ein und identifiziere mich nicht mit dieser Situation.

Vor dreißig Jahren begann ich, russische Poesie, russische Literatur zu lesen. Von Anfang an war da ein starker Eindruck von *Leben*. Jenseits des Ästhetischen, über das ich zunächst nicht nachdachte, schien mir immer, daß ich Land und Leute, den *National-Charakter*, genau kennenlerne: als wenn eine Barriere fällt. Rilke hat gesagt, höchstes literarisches Ziel wäre, vergessen zu machen, daß es sich um Geschriebenes handelt, als ob das Leben sich unmittelbar mitteilen könne. So habe ich empfunden bei russischen Schriftstellern des neunzehnten Jahrhunderts, übrigens setzt sich das fort, auch in unserer Zeit haben einige russische Schriftsteller es geschafft, die Barriere des Buchstabens zu beseitigen, man vergißt, daß man ein literarisches Werk liest. Wie das erreicht wird, könnte man zu analysieren versuchen:

Man kann Leben ohne theoretische Spekulation in Poesie transponieren, kann es sinnlich in Worte übersetzen.

Eine Erzählung, die mich immer wieder beschäftigt – ich hab sie zwanzig, dreißig Mal gelesen –, ist Tschechows »Dame mit dem Hündchen«. Auf sechzehn Seiten ist Leben in seiner *Totalität* eingefangen. Und zwar, so scheint es mir heute, weil Tschechow ganz stark reduziert und nur einzelne Elemente von Handlungs-Abläufen und Szenerien erfaßt hat, aber diese genau, sinnlich, konkret, und er hat so viel Raum um die Figuren und um die Geschichte gelassen, daß man unablässig weiter arbeiten, weiter assoziieren kann. Alle unwesentlichen Zwischenhandlungen sind ausgespart. Er gibt keine genauen Begründungen für Dinge, die geschehen, macht sich nicht die Mühe, detailliert zu erzählen, was sein Held *technisch* unternehmen muß, um zu Wiederbegegnungen mit der Frau zu kommen, die er liebt. In der letzten Phase der Erzählung treffen sie sich in bestimmten Zeitabständen in Moskau. Tschechow beschreibt nicht, wie das arrangiert wird, welche Korrespondenz zwischen den Partnern existiert. Er schildert aber, wie der Held, bei der Umarmung mit dieser nun einzig möglichen Frau, im Spiegel des Hotelzimmers, an einem finsteren Wintermorgen, sein *gealtertes Bild* sieht.

Das hat auf mich einen Effekt wie manche Dinge, die ich in der Realität beobachte, wo ich Leute zufällig treffe, nur einen Teil ihres Lebens kennenlerne und darüber spekulieren kann, wie ihre Lebenssituation ist, wie ihre Vorgeschichte war, in welcher Gruppierung von

Menschen sie leben … Tschechow strebt keine literarische Perfektion an in dem Sinn, daß er alle Lücken ausfüllt und die *Logik* genau *bedient*. Ich glaube da was Methodisches zu sehen. Puschkin verfährt ähnlich in seiner Prosa und auch im »Eugen Onegin«. Einzelne Erscheinungen werden an-, Szenen werden aufgeblendet, und darin liegt für mein Gefühl etwas Wesentliches. Mich befriedigt es mehr, wenn mir einer die Dinge nicht allzu genau vorführt, mir keinen kriminalistisch perfekten Ablauf von etwas zeigt. Der sinnliche Eindruck ist für mich das wichtigste, und mir schwebt vor, diese Art Sinnlichkeit in Worte zu übertragen. Sie basiert auf verschiedensten Phänomenen. Um sinnliche Vollständigkeit zu erreichen, muß man hören, sehen, schmecken, riechen, man muß anfassen können. Die Sinne sind ja komplex. Es gibt Schriftsteller, die rein malerisch verfahren, die nur eine äußere Kulisse liefern. Sie beschreiben Erscheinungen, versuchen ein Zimmer, eine Stadt, eine Landschaft nur vom Optischen her aufzubauen. Aber das hat eine *flache* Wirkung. Bei Tschechow ist deutlich, daß er es *rund* macht, Puschkin schafft das auch in der Poesie, selbst in den kürzesten Gedichten kommt dieser Effekt. So erkläre ich mir die besondere Wirkung der russischen Literatur, wenn ich drüber nachzudenken beginne. Ich hab natürlich schon oft drüber nachgedacht, komme aber immer nur zu Teilergebnissen, weil man sinnliche Eindrücke theoretisch kaum übersetzen, von sinnlichen Eindrücken nur schwer abstrahieren, sie auf keine Formel bringen kann.

Puschkin ist in der Prosa ebenso stark wie in der Poesie. Immer ist da dieser Effekt von Leben, das charakteristische Detail bewegt seine Prosaarbeiten wie seinen Vers-Roman »Eugen Onegin«. Ich könnte eine Liste von Details machen, die sich mir für immer eingeprägt haben, schon beim ersten Lesen. Zum Beispiel aus der »Hauptmannstochter«. Ich sehe die Festung hinter Orenburg so deutlich vor mir, als hätte ich selbst in dieser Steppe gelebt, und ich kann mir das Gut der Larins aus dem »Onegin«, Park und Haushaltung genau vorstellen, Nacht und Tag, die gewöhnliche Woche und das festliche Neujahr. Das hat er mir aus wesentlichen Elementen aufgebaut, so auch die Figuren, die nicht ringsherum beschrieben sind, nicht mit jeder Kleidfalte und jeder Handhaltung, es sind nur wenige scharf gezeichnete Züge, die eine Gestalt charakterisieren. Die dunkel-bleiche Tatjana mit ihrer Liebe zur geheimen Bedeutung alter Gebräuche und zum Gefühlsrausch *ideeller* Romane: Schwarz oder weiß, entweder – oder, Tod oder Leben, Haß oder Liebe – und die rosige Olga, ganz Musselin, Mazurka, harmlos dummes Geplauder mit dem oder jenem, stirbt ihr der eine weg im Duell, so nimmt sie eben den andren ... Dieser Effekt von Leben, das sich unmittelbar mitteilt, ist für mich das Starke bei Puschkin. Aber besonders fasziniert mich seine spielerische Haltung, die Schwerelosigkeit, in der Gestalten und Welten sich umeinander bewegen. Für mich gibt es nur eine vergleichbare Größe, um ihn zu charakterisieren: sein Werk steht nahe der Mozartschen Musik. Auch Puschkin hatte eine *glückliche* Produktivität. Nicht in allen Phasen seines Lebens, und er hat sie auch herbeizwingen und sich separieren müssen. Als er in Petersburg schon ein Familienleben hatte, reiste er aufs Land, weil er sich vorgenommen hatte, zu schreiben. Es fiel ihm schwer, sich in Stimmung zu versetzen, aber er sagte: Wenn du ausgefahren bist zu schreiben, so schreib auch. Manchmal brauchte er langen Anlauf, aber wenn er den *Punkt* gefaßt hatte, bekam Schreiben bei ihm so ein spielerisches und freies Element, er bewegte Worte und Gestalten, daß ein Glanz entsteht über dem Ganzen, der *Geist der Sprache* überglänzt alles.

Dieser selbstherrliche, glänzende Sprachgeist ist *typisch* für den Anfang des neunzehnten Jahrhunderts. Die Leute hatten eine ausgebildete Subjektivität. Sie nahmen sich die Freiheit, sich der Welt gegenüberzustellen, und sagten mit großem Selbstbewußtsein *ich*. Wir sind gehemmter, das zu tun, es ist uns auch abgewöhnt worden, wir haben ein stärkeres Kollektivdenken entwickelt. Erst in den letzten Jahren fassen wir wieder Mut, *ich* zu sagen, die subjektive Anschauung von etwas zu vermitteln und dabei doch überzeugt zu sein, daß wir einen Eindruck vom Leben und der Gesellschaft geben. Diese Leute vor hundertfünfzig Jahren verhielten sich *frei*. Das hat philosophische Hintergründe und macht sich in der Poesie bemerkbar. Bei Puschkin gibt es eine polemische Haltung gegen die erstarrte Tradition, da entsteht ein Druck, der der Literatur zusätzliche *Schubkraft* bringt.

Es gibt noch andere Schriftsteller der russischen Literatur, die ich liebe. Leskow ist einer, der mir nahesteht, da setzt sich von Puschkin her eine Linie fort. Leskow nahm vieles aus dem *wirklichen Leben* auf und transponierte es in Literatur. Tschechow ist für mich, wie Puschkin, eine *absolute* Gestalt. Wenn ich Prosa schreiben würde – Puschkinsche Prosa und Tschechowsche Prosa sind für mich nah beieinander, obwohl durch fast hundert Jahre modifiziert –, so zu schreiben, würde mir vorschweben. Jeder hat wohl in bestimmten Genres Ideale.

Und Tschechows Stücke sind das Schönste, was ich, außer denen von García Lorca und Sean O'Casey kenne. O'Casey kommt aus der Tschechow-Tradition. Alle Späteren sind wohl mehr oder weniger von ihm beeinflußt. Aber Anton Pawlowitschs, des *Doktors*, Stücke liebe ich *allermeist*.

Der erste große literarische Eindruck meines Lebens kam von Dickens. Ich wußte nicht, daß ich Dickens las, es war noch vor der Zeit, in der ich auf Autoren-Namen sah. Ein *gebildeter* Onkel schenkte mir, als ich acht oder neun war, eine bearbeitete Jugendausgabe von »David Copperfield«. Vorher hatte ich nur Kinderbücher gelesen. Es war ein gewaltiger Eindruck, Ergriffensein, Geschütteltwerden, nie werde ich die Bewegung vergessen, den Rausch, in den ich fiel. Damals habe ich für mein Leben eine Liebe zu Dickens gefaßt. Erwin Strittmatter, der von dieser Liebe wußte, hat mir vor zwanzig Jahren eine sechzehnbändige alte Dickens-Ausgabe mit zeitgenössischen Illustrationen geschenkt, die hüte ich sehr. Und ich habe meine Liebe zu Dickens auf unsere Söhne übertragen, habe ihnen, als sie klein waren, seine Romane und Erzählungen vorgelesen. David Copperfield, Mister Micawber und Missis Micawber, Miss Moacher und Mister Pickwick gehören zu unserer Familie.

Zu Dickens ist später vieles aus der alten englischen Epik hinzugekommen, auch aus der Poesie natürlich. Einer der Dichter, die ich liebe, ist der Schotte Robert Burns, aber auch Lord Byron, Puschkins Zeitgenosse, der ihm in vieler Hinsicht nahe war, Puschkin hat es selbst so empfunden und oft über ihn geschrieben. Manches von Puschkin entstand in direkter Nachfolge auf Byron, Byron war fünfzehn Jahre älter und schon ein weltberühmter Dichter, als Puschkin in die Poesie kam. Byron hat die europäische Dichtung Anfang des 19. Jahrhunderts überhaupt beeindruckt. Auch bei ihm sind schon – noch stärker bei Robert Burns, der von *unten* kam wie der Ungar Petőfi – Elemente da, die direkt aus der Volkspoesie zu stammen scheinen. Das bezieht sich vor allem auf seine Gedichte. Seine einst so berühmten Vers-Epen waren eher bildungs-referierend, fast touristisch-beschreibend. Puschkin hat im »Eugen Onegin« mit verblüffender Kühnheit das Genre *umgestülpt* und aus dem weitschweifenden romantisierenden Vers-Epos einen auf Handlung und Charaktere gestellten realistischen Roman gemacht.

Mit den Jahren habe ich eine Menge Prosa gelesen, nicht nur russische und englische, auch französische und amerikanische. Thomas Woolfe hat mich beeindruckt, Katherine Anne Porter, Faulkner und viele andere Erzähler, auch einige Dichter. Ich kenne nicht viel von amerikanischer Poesie, hab Whitman gelesen, zeitig, manches am konkreten Material seiner »Grashalme« gefällt mir, eben wegen der Konkretheit, aber er ist einer dieser hymnischen, *sakralen* Dichter, die mir fernstehen auf Grund ihrer Welthaltung, dieser prophetischen Predigerhaltung, die mir widerstrebt.

Einige neuere Dichter dagegen sind mir näher, weil sie versuchen, Alltag in Poesie zu transponieren. Im wesentlichen läuft, was ich mache, darauf hinaus, aus Alltagsmaterial Poesie zu keltern, aus dem Stein Funken zu schlagen, nicht *Brillanten in Platin zu fassen*, sondern den Scherben im Bachsand glitzen zu lassen, noch lieber: Aus den heimischen Erden die Träne Glas zu gewinnen, die unseren blassen nördlichen Himmel spiegelt oder die feurige Abendröte über den Schluchten der Stadt.

Ich liebe Robert Frost, der schrieb: »The woods are lovely, dark, and deep, / But I have promises to keep, / And miles to go before I sleep.«

Wer keine *Passion* für die Sache hat, von der er handelt, kann auch keine Passion erwecken. Ohne Leidenschaft für Wort, Sprache, Dichtung kann man nicht vermitteln, was Dichtung enthält.

Zu allen Zeiten hat es Lehrer gegeben, die inspiriert waren durch Kunst, durch Literatur. Sie haben diese Liebe ihren Schülern übertragen können. Aber immer wird es auch Leute geben, die den Lehrberuf handwerklich betreiben, die nur Fakten speichern, für die Kunst kein Lebensbedürfnis ist. Bei denen sind die Schüler traurig dran. Diese Lehrer halten sich vor allem an methodische Gerüste, die ihnen von *Amts wegen* geliefert werden, und ein Gerüst ist immer starr auf Grundformen beschränkt, was Literatur angeht: das Ärmste, was man über eine Sache sagen kann. An solche Lehrer habe ich polemisch geschrieben, weil sie Erwin Strittmatter Schüleraufsätze schickten, die ganz eng, ganz zweckmäßig waren, und sie verlangten auch noch eine Bestätigung ihrer Methode. Hätten sie uns damit in Ruhe gelassen, hätten wir uns nicht darüber erregen können, aber wir sollten ihre bedauernswerten Schüler für die schematischen Aufsätze loben, denn in den methodischen Anleitungen stand auch, daß man eine Korrespondenz mit dem Schriftsteller eröffnen soll.

Unser jüngster Sohn kam eines Tages aufgeregt nach Haus: »Heut hat mein Lehrer was Schreckliches gesagt!« Wir fragten: Was kann dieser nette Lehrer, den wir schätzen, schon Schreckliches gesagt haben? »Er hat gesagt: ›Jede Erzählung, jedes Gedicht muß einen Nutzen haben!‹«

Da war der Junge acht oder neun, aber weil er von klein an Poesie aufgenommen und bei uns erhört hatte, was Kunst wirklich zu sein hat, reagierte er empört.

Diese Nutzen-Kosten-Haltung ist nach wie vor zu finden bei Menschen (auch bei Lehrern), die nicht leben mit Literatur. Notwendigerweise werden wir das immer bekämpfen, weil wir wissen, daß Kunst mit der Formel zwei mal zwei = vier nicht zu erklären und ihr Gewinn für die Gesellschaft in Kilogrammen nicht auszuwiegen ist. Kunst ist das *andere*, dem man mit logischen Schemata nicht beikommt.

Es hat auch in der Literaturwissenschaft Rationalisten gegeben, gibt sie wohl noch. Wir wissen von den Versuchen der *Strukturalisten*, aus Wortmaterial Poesie zu erklären, aus Wortsequenzen, lexischem und syntaktischem Aufbau Wertmaßstäbe für Literatur *abzuleiten*. Das geht einfach nicht, weil Literatur nicht nur aus Aufgeschriebenem, sondern auch aus Weggeschlagenem (wie beim Bildhauern) entsteht ...

Ein Gedicht wächst auch aus Zwischenräumen und dem Verhältnis der Teile zueinander. Die Worte bedingen einander nicht nur im Ablauf der Zeile, in der sie stehen, sie beziehen sich von Anfang bis Ende aufeinander, sowohl durch Kontraste wie durch Analogien. Der Rhythmus spielt eine Rolle. Der gebrochene Rhythmus oder der rein realisierte Rhythmus eines Gedichtes, auch der Wechsel von beiden, haben eine ästhetische Bedeutung.

Das Gedicht ist wirklich eine Art Kosmos, ein Spiel von frei schwebenden Worten, die Fixierung auf dem Papier ist nur ein Hilfsmittel zur Aufbewahrung und Übermittlung. Eigentlich besteht es aus *Klang*, ist ein im Raum befindlicher Klang, der als Ganzes aufgenommen werden muß. Also geht es nicht, daß sich ein Lehrer dranmacht und Wort für Wort, Zeile für Zeile, nach logischen Gesichtspunkten, Sinn (und im Hintergrund die Absicht des Autors) zu interpretieren versucht.

Von Schülern weiß ich, wie Lehrer versuchen, sie in ihren Assoziationen zu Gedichten einzuengen. Wenn mich jemand fragt: »Was war die Ausgangskonstellation, die erste Kristallisation, was hat Sie beschäftigt, was haben Sie komprimiert in dem Gedicht?«, dann könnte ich es bei den meisten Gedichten noch *darstellen*. Das wäre die Kommentierung des Autors. Die steht aber in den seltensten Fällen zur Verfügung, also muß der Lehrer den Schülern, wenn er dreißig Schüler hat, die Freiheit geben, dreißig Assoziations-Ketten zu einem Gedicht zu machen. Grad jetzt hab ich aber erlebt, daß ein Lehrer die einzig gültige Interpretation zu geben behauptete. Es handelte sich um das berühmte Gedicht von Simonow: »Wart auf mich, ich komm zurück«. Nach meiner Kenntnis von Simonows Biographie und der Situation, aus der das Gedicht entstand, war die Interpretation des Lehrers falsch. Er hat aber einem Mädchen, das Simonows Gedicht als subjektive Äußerung, als *erlebt*, auffaßte und eine emotional reiche Assoziation darauf hatte, eine schlechte Zensur gegeben und ihm gesagt: »Du kommentierst falsch!«

Vor einiger Zeit schickte mir eine Studentin aus der DDR, die in Moskau *diplomiert*, einen *Fragespiegel*. Sie wollte wissen, wie man über Poesie für Kinder im *Vorschul- und Erstlesealter* handeln soll. Ob man zuerst, theoretisch abgelöst von Gedichten, Begriffe von Poesie geben kann? Ich halte das für unmöglich und denke, ästhetische Begriffe kann man nur synchron mit einem Fonds an Poesie heranbilden. Man muß den Kindern Gedichte geben ohne alles Drumherum, muß sie Verse sprechen, lesen, lernen lassen. Erst jemand, der über einen gewissen Reichtum an poetischer Erfahrung verfügt, kann durch Vergleich zu Erkenntnissen kommen. Wer nur ein Gedicht kennt, kann nichts über *die* Poesie daraus ableiten. So wie man Kinder Musik lehrt, muß man sie Poesie lehren. Musikalische Kinder beginnen ein Instrument zu spielen. Von einem bestimmten Punkt ihrer Entwicklung an lernen sie, synchron zur Musik, Kontrapunkt, Komposition, eben Theorie, aber erst, wenn sie ein musikalisches Grundwissen besitzen, wenn sie einen Fonds von Musik in sich haben. Und so müßte es auch sein mit der Poesie.

Aber noch immer versucht man, sich der Gedichte rational zu bemächtigen, schließt Freiheit und Freude aus, tötet Poesie ab. Die meisten Menschen brauchen Jahrzehnte, um zu in der Schule behandelten Gedichten wieder Zugang zu finden. Das bedaure ich, es könnte anders werden, wenn man zu neuen methodischen Erkenntnissen kommt.

Leider begleitet mich dieses Unbehagen schon lange. Anfang der fünfziger Jahre studierte ich in Berlin. Damals arbeitete ich in der Forschungsgruppe *Vermittlung von Poesie im Deutschunterricht* bei Professor Gertrud Rosenow mit. Wir machten an Schulen *Erhebungen*, gaben Kindern Gedichte und ließen sie frei dazu schreiben. Die meisten Kinder waren so verbildet, daß sie die wahnsinnigsten Sachen auf die simpelsten Gedichte assoziierten. Zu dem schönen Gedicht von Hebbel: »Dies ist ein Herbsttag, wie ich keinen sah!« schrieb ein Schüler: »Der Dichter meint mit dem Fallen der Äpfel das Entlarven von Spionen durch die Staatsmacht.« Weil sie gewohnt waren, in Poesie nur *Zweck* zu sehen, haben sie solche wilden Dinge zu Papier gebracht. Und leider geht das nicht so leicht weg, wie man sieht. Immer wieder fragen Lehrer oder Schüler: »Stimmt die Interpretation Ihrer Arbeiten, die in den methodischen Anleitungen steht, ist sie nicht vielmehr unsinnig?«

Aber der Unsinn reproduziert sich. Eine Studentin schrieb mir: »Welche Rezeptionsempfehlungen geben Sie für die Vermittlung Ihrer Gedichte aus ›Ich schwing mich auf die Schaukel‹ an Zehnjährige? Zehnjährige können diese Gedichte nicht rezipieren …« Ich antwortete: »Meiner Erfahrung nach *rezipieren* sogar Achtjährige die Gedichte, wenn sie einen Sinn für Poesie haben, sie schreiben mir schöne Briefe. Es gibt aber Fünfzehn- oder Achtzehnjährige, die sie keinesfalls *rezipieren*, weil ihnen ein Organ für Poesie fehlt, weil es nicht entwickelt oder unterdrückt wurde.« Ich fürchte den Tag, da meine Gedichte *Lesebuchgedichte* und *behandelt* werden könnten.

Die Poesie bildet Kreise um sich herum, strahlt aus. Es gibt eine Menge Lyrik-Leser, gibt Resonanz, über die man sich freun kann, über die ich mich freue. Sie gilt dem einzelnen Dichter, ist *privat*, ich aber wünsche mir eine öffentliche Wirkung der Poesie.

Seit ich die Puschkin-Poesietage kenne, träume ich davon, daß es im Sommer, zu Goethes Geburtstag, auf den Ilm-Auen ein Fest der Poesie geben soll. Man darf nicht fürchten, daß die Leute die Wiese verwüsten. Ich wünsche, daß Menschen dort lagern und ihren Dichtern zuhören. Man sollte mit einheimischen Lyrikern beginnen und allmählich ein internationales Treffen daraus machen, wie es das in anderen Ländern längst gibt. Der August ist ein besonders schöner Monat in Weimar, um diese Hochsommerzeit sind die Weimartage der Jugend, eine große Sache jedes Jahr, das Theater spielt, die Museen erwarten, Hunderte junge Leute mit Luftmatratzen und Campingliegen überschwemmen Privatquartiere und Jugendherbergen, sie durchschwärmen das liebe Städtchen, seine Gärten und Parks, man macht Konzerte auf dem Schloßhof für sie und was noch alles, aber Poesie ist eine akademische, eine museale Angelegenheit. Zwar, an Goethes Geburtstag gibt es jedes Jahr ein Gartenfest am Frauenplan: Windlichter in der Dämmerung, ein Kammerorchester spielt, Empfang für geladene Gäste – aber ich wünschte, Poesie wäre an diesem Tage in Weimar lebendig, »viel Volks« würde auf den Ilmwiesen lagern, und vorm Gartenhaus des jungen Goethe könnten die heutigen *Original-Genies* ihre Verse rezitieren. Der einst so aktive klassische Geist sollte in die Gegenwart wirken …

Ich hab schon versucht, Schriftstellern, die in der Volkskammer sind, dem Weimarer Stadtrat für Kultur, einem alten Freunde von uns, den Museums-Leuten, eben allen *Zuständigen*, die ich treffe, dieses Poesiefest einzureden, bis jetzt ohne Erfolg. Die Russen fürchten nicht, daß die hunderttausend Menschen, die jedes Jahr beim Puschkinfest durch Michajlowskoje gehen und auf Puschkins Wiese lagern, die Gedenkstätte verwüsten könnten. Buden werden aufgebaut, man verkauft Bücher, und man muß die Leute tränken und füttern, das macht natürlich Bewegung, die Grasnarbe der Wiese und manches andere wird beschädigt, auch wenn die Menschen ehrfurchtsvoll sind, man richtet es eben jedes Jahr wieder her, und es ist ein großes Fest, im Bewußtsein der Menschen ist Poesie eine Lebens-Hauptsache. Und das wünschte ich mir auch bei uns.

Möglich wär es gewiß. Heute reagieren viele nicht mehr so verschämt auf Gedichte wie vor zehn, zwanzig Jahren.

1965 war ich das erste Mal im Kaukasus mit Moskauer Freunden, Wissenschaftlern, Naturwissenschaftlern vor allem, Chemiker, Geologen (zwei Geologinnen hatten theoretisch die Diamantenvorkommen in Fernost vorausgesagt), Historiker, Ethnologen – eine Gruppe von zehn, zwölf Leuten reiste mit der Bahn über den Kaukasus, und plötzlich fingen unsere Freunde an, Gedichte zu sprechen. Was mit dem Kaukasus zu tun hatte in der klassischen russischen Poesie oder in der Dichtung des 20. Jahrhunderts, kam hervor, und niemand genierte sich, Verse zu sprechen, *Gefühl* zu zeigen. Damals konnte ich mir nicht vorstellen, daß unsere Leute durch Thüringen fahren und Gedichte erinnern. Dort war es was ganz Normales. Bei vielen Gelegenheiten ist mir das in der Sowjetunion begegnet, Gedichte sind den Menschen lebendig, und sie sprechen es aus. Zunächst wirkte es schockierend auf mich, eher peinlich, aber dann hat es mir gefallen, und ich hab über unser Verhältnis zur Poesie nachgedacht. Ich war der Meinung, es wäre versetzt, blockiert. Heut weiß ich, daß es sich auch offen darstellt, ich sehe es bei Lesungen. Fünfzig oder hundert Leute bleiben zurück und stellen mir Fragen oder sagen, dieses, jenes Gedicht ist wichtig für mich … Da hat sich schon was geändert, aber manches braucht auch Gelegenheit, sich öffentlich zu demonstrieren. Lesungen, die ich als einzelne mache, sind ein Beweis für mich, aber ich wünschte der Poesie insgesamt die Möglichkeit zu zeigen, daß sie nicht nur *lebensnotwendig*, sondern in diesem Land tatsächlich *lebendig* ist. Man könnte postulieren: Poesie ist lebensnotwendig, deshalb brauchte sie noch nicht lebendig zu sein. Sie ist es aber, auch oder gerade unter der Jugend, für die ich mir dieses Poesiefest wünsche, es sind viel junge Leute, die zu Lesungen kommen, und auch viel Junge, die schreiben.

Mein Verhältnis zu den anderen Künsten ist zu verschiedenen Zeiten verschieden. Es gibt Phasen, in denen ich viel Musik höre, Musik *hebt* mich an, dann gibt es Lebensperioden, in denen ich großer Musik nicht standhalte. Sie wirkt so übermächtig, daß ich mich entferne muß, um mein Selbstbewußtsein zu retten.

Malerei kann ich immer ertragen und suche sie auch. Optisch habe ich diese Kunst immer um mich (den akustischen Reiz selbst der schönsten Musik könnte man nicht dauernd ertragen). Wir haben Bilder von Maler-Freunden und Reproduktions-Sammlungen. In Büchern ist vieles aufgehoben an Malerei, das nehme ich gern zur Hand, beschäftige mich mit einzelnen Bildern oder einem Werk. Malerei hat mir wichtige Erkenntnisse gebracht, in den »Briefen aus Schulzenhof« sagte ich es in bezug auf Matisse, aber das betrifft auch andere Maler, Grafiker, Plastiker.

Ein Bildhauer, den ich durch Reproduktionen kennenlernte, lange, bevor es eine Ausstellung von ihm in Berlin gab, ist der Italiener Manzú. Barlach beeindruckte mich noch früher, aber Manzú ist einer von den noch Lebenden, deren in Bewegung befindliches, nicht abgeschlossenes Werk stärker herausfordert als das Werk eines *Vollendeten*. Vor zwanzig Jahren sahen wir in einem Tafelband Arbeiten von Manzú und suchten weiter nach ihm. Wir fanden Aufzeichnungen zur Biographie und Werkgeschichte, zu seinen »Kardinälen« und zu den Bronzetüren der Peterskirche, die der Kommunist Manzú unter dem bäuerlich bescheidenen Papst Johannes dem Dreiundzwanzigsten machen konnte, jenem Papst, der zugab, daß er nichts von Kunst verstand und Manzú das Urteilsrecht in ästhetischen Fragen überließ.

Eine Malerin, über die ich viel denke, ist Paula Becker-Modersohn. Eine freundliche Leserin versorgt mich mit Reproduktionen von ihr. Wie es scheint, ist mir noch vieles unbekannt. Sechs Kinderbildnisse und drei Selbstporträts, deren Reproduktionen ich letztens bekam, waren mir neu. Auch Paula Beckers Bilder regen mich an, über *Kunstmittel* nachzudenken. Und als Person interessiert sie mich sehr. Ehe ich von ihr etwas gesehen hatte, kannte ich sie durch Rilkes Requiem auf ihren Tod, das ich früh gelesen habe und immer noch liebe.

Ich könnte eine Menge Maler nennen oder auch einzelne Bilder, die stark auf mich wirken. In »Zwiegespräch« gibt es ein Gedicht »Nach Lewitan«. Lewitan ist einer *meiner* Maler. Ich hatte das Glück, 1960, als ich zum ersten Mal in Moskau war, seine Bilder zu sehen. Man

hatte in der Tretjakow-Galerie das Gesamtwerk ausge-
stellt.

Ähnlich wichtig ist mir Pirosmanaschwili geworden,
von dessen Existenz ich 1965 in Tbilissi erfuhr. Sehr ge-
fallen mir auch die Bauernmaler Jugoslawiens, ihre Ar-
beiten aus der Zeit, bevor die naive Malerei *kommerziell*
wurde. Für meinen ersten Gedichtband »Ich mach ein
Lied aus Stille« wählte ich als Titelbild die »Zigeuner-
liebe« des Jugoslawen Matija Skurjeni.

Wie aus der klassischen russischen Literatur hat mich
vieles aus der russischen Malerei inspiriert. Es gibt ein
Bild von Polenow »Moskauer Hof«, das ich liebe, dann
ein Bild von Sawrassow, Lewitans Lehrer, »Die Saat-
krähen sind da«. Viele andere könnte ich nennen, immer
ist es nicht nur die Freude am Bild, sondern auch der
Versuch, etwas zu übertragen, eine Erkenntnis zu ge-
winnen für Mittel der Poesie. Was unterscheidet, was
verbindet Malerei und Poesie, wo sind die wesentlichen
Wirkungsmomente?

In dem Brief über Matisse schrieb ich vor Jahren, und
ich denke noch heute so, daß es eine *unabhängige ästheti-
sche Information* gibt. Noch früher war ich der Meinung,
daß der Inhalt selbstverständlich das Primat hat, aber an
Bildern von Matisse habe ich neue Erkenntnisse gewon-
nen. Matisse seinerseits hatte der Ikonenmalerei Einsich-
ten abgesehen, er studierte sie Anfang des Jahrhunderts
in Moskau. Auch mir war, neben Matisse, Ikonenmalerei
eine wichtige Quelle. Mehrmals habe ich die großen
Sammlungen in Moskau und Nowgorod besucht, habe
viele Kirchen gesehen, und wo ich Ikonen sah – auch in

Jugoslawien, auch Reproduktionen der *blauen* bulgarischen Bilder – fühlte ich, daß es vom Inhalt unabhängige ästhetische Wirkungen gibt, die von Farb- und Form-Konstellationen ausgehen, denn vom Inhalt her würden mich die Bilder nicht anrühren. Die *wohlgefällige* Wirkung hat sich losgelöst vom Gegenstand. Es bleibt ein harmonischer Klang, der Auge und Seele erfreut.

Ein Gedicht von vor Jahren heißt »Lichtvariation«. Es ist eine direkte Folge der Beschäftigung mit Matisse, sozusagen ein Nebenprodukt meiner Einsicht in seine Bildsprache. So könnte ich viele Bildquellen nennen, auch Chagall. Bei ihm fasziniert mich vor allem Phantasie: phantastische Verfremdung durch Farbe und Auflösung jeder Gebundenheit. Das ist eine *konkrete* Malerei, die sich der Logik des Stoffes und der Perspektive gegenüber vollkommen frei verhält. Seine spielerische Haltung zum *Wirklichkeits-Material* reizte mich, meine sklavische Bindung an die Logik zu lösen. Soweit Poesie mit Malerei überhaupt vergleichbar ist, wollte ich eine ähnliche Freiheit gegenüber dem Stoff gewinnen: Mir schien, man könnte durch Reduzieren von Zwischengliedern, durch Aussparen von Nebensächlichkeiten einen Bewegungsraum schaffen, in den die Phantasie des Zuschauers (Lesers) eintreten kann.

Wenn ich ein Witebsker Bild von Chagall sehe, kann ich beliebig assoziieren, kann mir Leben und Geschichten erschaffen, es ist nach allen Seiten offen.

Vor fünfzehn Jahren sah ich zum ersten Mal ein Bild von Chagall reproduziert, jenes Liebespaar auf dem Schimmel mit den zwei Rosen auf der Brust, das in mein

Chagall-Gedicht eingegangen und auf dem Umschlag von »Die eine Rose überwältigt alles« zu sehen ist. Zwei meiner Bücher tragen Titelbilder von ihm.

Jede Kunstäußerung, die man kennenlernt, ist auch eine Welterfahrung und prägt die Zeit, in der man sich vertraut macht mit ihr.

Es beeindruckt mich immer, wenn jemand einen eigenen Entwurf von der Welt macht, einen Gegenentwurf, und den realisiert, so wie Chagall: Jemand hat etwas angefangen, was vorher nicht da war, für das es keine logische Begründung gibt. Niemand kann sagen: das mußte so sein, es konnte auch anders. Einer hat ein System gefunden, um sein Weltverhältnis auszudrücken, hat es zeitig gefunden, hängt ihm an, baut es sein Leben lang aus, schafft eine zweite Welt.

Viel weniger fesselt mich, wenn einer nur abbildet, was er vorfindet, das kann auch literarisch geschehen. Es gibt Schriftsteller, die immer nach *Themen* suchen, die es ihnen ermöglichen sollen, den Wirklichkeitsausschnitt, den sie gerade überschauen, *direkt* nachzubilden. Eine Arbeit bedingt nicht die nächste, es ergibt keinen geschlossenen *Kosmos* im Lauf des Lebens, dieses Jahr schreibt einer ein Buch, nächstes Jahr ein anderes, beliebig, zusammenhanglos; kein *Gegenentwurf* zur Welt, den die Poesie, die Kunst leisten kann. Das eben ist das Beglückende, das Faszinierende an ihr, nach meinen Begriffen.

Alle bedeutenden Leistungen sind so entstanden: als Gegenentwurf zur Welt.

Wenn man beginnt, muß man sich auf sich zurückziehen, um aus sich herauszuholen, was selbst der Mensch, der einem am nächsten steht, nicht kennen kann: Nuancen von Erfahrung, von Leben. Jeder zu frühe Eingriff, jedes zu frühe Hineinreden, lenkt einen ab von dem, was man in sich ahnt und aus sich herausstellen könnte. Wenn man anfängt, ist man sowieso unsicher: Täuscht man sich nicht über die Fähigkeit, zu *formulieren* (der Erfahrung, dem Gefühl eine Form zu finden)? Ist da wirklich eine Substanz, oder hat man nur die Hoffnung, es könnte so sein?

Meine Produktivität ist eine andere als die Erwin Strittmatters, der Romane und Erzählungen schreibt. Das erfordert eine andere Arbeitshaltung, auch eine andere Organisation des täglichen Lebens. Es geht nur, wenn man konsequent Tag für Tag und Jahr für Jahr am Schreibtisch sitzt und eine bestimmte Idee realisiert. Als ich anfing, Gedichte zu schreiben, fühlte ich, daß für mich etwas anderes notwendig ist und daß ich mit dieser Konsequenz und täglichen Konzentration auf ein Werk nicht realisieren kann, was mir möglich ist. Ich mußte Raum für mich finden und konnte ihn nur durch Verschwiegenheit, Abgrenzung, Abkapselung schaffen. Das habe ich aufrechterhalten, es geht auch nicht anders. Poesie kann ich nicht *konzipieren*, ich bin auf den glücklichen Moment angewiesen, in dem sich ein Kristallisationspunkt findet für das Gedicht.

Natürlich wirkt es provozierend, wenn man jemand neben sich hat, der diese konsequente tagtägliche Leistung am Wort vollbringt. Es gefährdet einen auch, weil man sich sagt: Da ist jemand, der errichtet ein Werk in beständiger Arbeit und läßt sich nicht ablenken! Poesie entsteht aber, wenn ich mich aufreizen und ablenken lasse … Irgendwoher kommt ein *Eindruck*, der Erfahrungs-Masse in Wort-Bewegung verwandelt …

Beim Roman muß man zwischen *Einfall* und *Ende* kritisch und rationell kontrollieren, was man macht, Konstruktion und Figurenführung etwa. Da spart es Zeit, wenn jemand von außen kommt und prüft. Das kann ich machen für Erwin Strittmatter und habe es oft gemacht. Aber es wäre der Tod eines Gedichtes, wenn ich es unterm Entstehen herzeigen würde. Erst, wenn es in sich geschlossen und von mir abgetrennt ist, nach langer Zeit, kann ich prüfen, ob es einen Eindruck macht, ob es in allen Teilen oder nur in einzelnen Partien Assoziationen und Emotionen erweckt, ob es *trifft* oder nicht.

Wenn ich einen Gedichtband plane, ist Erwin Strittmatter der erste, der das Manuskript liest, und er hat das Recht, Gedichte anzukreuzen, die ihm schwach oder unfertig erscheinen. Ich nehme sie aus der Sammlung heraus, hebe sie für später auf und überlege, was er dazu gesagt hat. Nicht immer kann ich mich zu dem bekennen, was er meint. Dann bleibe ich bei meiner Version. Manchmal finde ich Varianten, erweitere ein Gedicht, das er für ungenügend ausgebaut hält, oder reduziere eins, manchmal ändere ich vielleicht ein Wort und damit eine Gedankenkonstellation.

Jeder braucht einen Menschen seines Vertrauens, der ihn bestätigt, ihm Bestätigung aber auch verweigert.

Schulzenhof war nie als *Refugium* gedacht und kann auch keins sein. Wenn man schreibt und veröffentlicht, gibt es soviel *Rückwirkungen*, daß man sich nicht *abkapseln* kann. Eine Fluchtstätte könnte es nur sein, wenn man einen hohen Zaun ums Anwesen bauen, das Tor schließen und sich nur mit Rosen- oder Taubenzucht befassen würde. Aber der Schriftsteller ist ständig verwickelt in Dinge, die in diesem Land und über das Land hinaus geschehen. Wir sind hier, um ruhiger arbeiten zu können.

All unsere Bekannten oder auch unbekannte Leser, die nach Berlin kommen und wissen, wo wir wohnen, fühlen sich versucht, bei uns zu klingeln. Und da gibt es das Telefon und andere Dinge, die einen abhalten und eine wirkliche Konzentration auf das, was man machen will, stören. Es hat sich herausgestellt, daß die Kontrastwirkung von Großstadt und Dorf eine produktive ist. Keins von beiden könnte man aufgeben. Auf Berlin zu verzichten oder auf Besuche in anderen Städten und anderen Ländern wäre unmöglich. Es wäre eine ganz andere Art Literatur, die man machen würde, wenn man nur in diesem märkischen Dorf lebte. Wir reisen viel, ich bin jedes Jahr möglichst mehrmals im Ausland, mindestens einmal in Leipzig, Weimar, Dresden, abgesehen von kleineren Städten, und es gibt Bindungen nach überallhin. Wer solche Ideen nicht nur hegt, sondern solche Gedanken verbreitet und sagt, die sitzen da auf dem Land – und mit dieser altberlinischen Formulierung für ein Laubengrundstück –, die sitzen da auf ihrem »Rittergut« und lassen sichs wohl sein, der ist von einer beneidenswerten

Ahnungslosigkeit, was die Existenz von Schriftstellern betrifft.

Das ist nicht so harmlos, wie es sich ein *naiver* Leser vorstellt, das Leben eines Autors. Auch nicht, wenn er in Schulzenhof wohnt.

Man lebt in einem Kraftfeld, das man selber durch Worte erzeugt.

Obwohl unser Leben durch das Heranwachsen der Kinder leichter wurde, ist der Tageslauf *schwerer* geworden. Wir haben ein strenges Leben schon dadurch, daß wir Tag für Tag neben unserer eigentlichen Arbeit Stunden am Schreibtisch versitzen und Post beantworten. Jeder, der sich entschließt, einem Schriftsteller zu schreiben, baut in sich zunächst eine Hemmung ab, dann erst öffnet er sich, und er will eine bestimmte Reaktion. Es sind oft Leute in krassen Situationen, die schreiben.

Seit einem Jahr korrespondieren wir mit einem Leser, der schwerste Krebsoperationen hinter sich hat. In diesem reduzierten Leben, das ihm noch bleibt, versucht er sich zu behaupten, er liest, geht in literarische Veranstaltungen, sucht geistige Kontakte. Selbstverständlich muß man diesen *fremden* Menschen ernst nehmen wie jemanden, der einem nahesteht. Das heißt, auf jeden seiner Briefe antworte ich ausführlich, und ich schicke ihm Bücher. Es schreiben aber viele Menschen, auch eine Frau, die mit drei Kindern allein geblieben ist. Eine begabte Fotografin. Ich habe sie nie gesehen, kenne nur ihre Bilder. Aber da ich mich in die *Öffentlichkeit* gewagt habe mit meinen Gedichten, fällt mir nun *Verant-*

wortung zu, die Frau zu stützen und ihr zu sagen: »Sie müssen sich konzentrieren auf Ihre Arbeit! Sie haben kein Recht, sich fallenzulassen! Nicht nur, weil diese drei wunderbaren Kinder an Ihnen hängen und von Ihnen abhängen. Sie müssen weitergehen in Ihrem Beruf!« Ich gebe ihr Gedichte, und sie macht eine Ausstellung mit Versen und Fotos.

Junge Maler vertraun sich uns an, die nicht wissen, wie sie existieren sollen. Von einem Tag zum anderen ergibt es sich manchmal, daß einer in eine verzweifelte Lage kommt und *depressiv* wird. Ich versuche eine Hilfs-Konstruktion zu begründen und telegraphiere an jemand in der Stadt des Verzweifelten, den ich auch nur durch *Literatur*, in der Rückwirkung meiner Arbeit, kenne. Ich bitte ihn: »Gehn Sie zum Verband Bildender Künstler, man muß den Verzweifelten *auffangen*!« Das alles ist eine Nebenwirkung von Literatur. Zur Zeit habe ich wohl hundert ständige Korrespondenzpartner, für deren Leben ich mit verantwortlich bin, nicht gerechnet die Korrespondenzen, die Erwin Strittmatter führt. Manche halten wir gemeinsam, wechselweise, manche hat er allein, das ist wieder ein anderer Leserkreis. Dann die große Zahl beginnender Schriftsteller, die ihre Manuskripte schicken. Jeder befindet sich in seiner besonderen *Krise* und muß auf besondere Weise angeredet werden.

Wie vieles in den »Briefen aus Schulzenhof« war die Formulierung vom »überdimensionalen Vorbild« pure Ironie. Das war ein sarkastischer Brief an eine witzige

Freundin. Zwischen uns hatte sich ein Briefstil herausgebildet, der solche Formulierungen möglich machte. Die Briefe haben alle bestimmte Adressaten. An einen *ernsthaften Gelehrten*, der was erforschen wollte über die Existenz von Schriftstellern oder über den Charakter von Strittmatter, hätte ich so etwas nie geschrieben. Das ist nur bedingt für *bar* anzusehen.

Ich hatte nie Furcht vor diesem Vorbild, aber Erwin Strittmatters Leistung hat mich beeindruckt. Sein Beispiel hat auf mich, die ich von Natur aus etwas *unorganisiert* bin und mich gern fallenlasse in allerhand Nebendinge, Ablenkungen und eine Art *Schlendrian*, eine ganz gute Wirkung gehabt. Dafür bin ich dankbar, und wesentliche Ermutigungen habe ich sowieso von ihm erfahren. Er hat mich von der Kritik *weggeredet*, hat mir klargemacht, woraus meine Unlust wächst und daß ich dringend was anderes schreiben müßte, um mit mir in Einklang zu kommen.

Aber inzwischen sind zwanzig Jahre vergangen, und das Leben bewegt sich in anderen Bahnen, eher parallel. Früher war schon ein bißchen diese Distanz da, die *generelle* Bewunderung für jemanden, der ein literarisches Werk aus sich heraustreibt.

Wenn man es nicht selber versucht hat, ist es ein Phänomen, mit dem man nicht fertig wird: wie jemand etwas schafft, was nirgends vorgeschrieben ist, für das es kein System, kein Vorbild gibt, keinen Beschluß von irgendwoher. Es gibt ja kein Gesetz für das, was in der Kunst gemacht wird, und über diese Barriere zu kommen, daß man die Gesetze aus sich selber holt, ist der entscheidende Punkt für Leute, die anfangen zu schreiben, dieses Zutrauen zu sich zu gewinnen, daß man sagen kann, *ich*, ich sehe das so, ich will das so, ich schreib das so. Das ist eine lange Geschichte, bei mir jedenfalls gewesen. Sicher gibt es Leute mit angeborenem stärkerem Selbstbewußtsein, als ich es habe. Eine nahe Freundin von Brecht sagte uns: das Große an Brecht war, daß er mit siebzehn Jahren wußte, er ist ein Genie.

Ich weiß bis heute nicht, ob ich ein *Dichter* bin, und ich hoffe, mir diesen Zweifel immer zu erhalten, weil Selbstüberzeugtheit mir widersteht. Ich mag keine Leute, die selbstsicher sind, die genau wissen, was sie machen, steht auf der und der Stufe einer imaginären Wertskala.

Ich würde mißtrauisch gegen mich werden, wenn ich eine feste Überzeugung von mir hätte, eine relative schon, und mit dieser relativen Überzeugung, die aus dem jahrelangen Schreiben hervorgeht, hat sich heute auch das Verhältnis zwischen Erwin Strittmatter und mir verändert.

In den »Briefen aus Schulzenhof« habe ich unwillkürlich eine *Naturgeschichte* von Schriftstellern zusammengebracht, einfach, weil ich Freunden erzählte, was wir im Alltag betreiben und wie unser Tageslauf ist. Aus Briefen zu den »Briefen« und aus Gesprächen weiß ich, daß Leute im allgemeinen phantastische Vorstellungen davon haben, in welcher Ausnahmesituation sich ein Schriftsteller befindet, sie glauben, daß er ein *paradiesisches* Leben hat, weil er früh um acht nicht zur Arbeit geht oder noch früher zur Schicht. Daß sich jemand freiwillig einem Regime unterwirft, das ebenso hart ist wie das Leben von Leuten, die gezwungen sind, in einem festen Arbeitsverhältnis zu stehen, können sich die meisten Leser nicht vorstellen, und daß so ein Tag von früh bis spät nach einem genauen Programm verlaufen muß, damit man die Arbeit, die man sich vorgenommen hat, trotz aller Abhaltungen zustande bringt.

Ich glaube nicht, daß Dichter in Ausnahmesituationen, ohne Belastungen, wie sie die übrigen Menschen tragen, eine Poesie machen können, die den Gefühlen und Gedanken der Menschen entspricht, von denen sie umgeben sind. Ich sehe in diesem strengen Lebenssystem eine gute Grundlage für Poesie und habe alle Ideen, mich ihm zu entziehen, die ich in jüngeren Jahren hatte, längst aufgegeben. Ich weiß, daß es ein Verlust an Erfahrung wäre, wenn ich mir irgendwo eine *Enklave* schaffen würde, in der ich nur für Literatur lebe.

Eine ganz andere Poesie würde daraus entstehen, nicht mehr *meine*, wie ich sie selber heute brauche.

Viele Assoziations- oder Kristallisationspunkte für Gedichte entstanden aus optischen Eindrücken in und um Schulzenhof. Dabei sind die meisten Gedichte, die man zur *Naturlyrik* rechnet, keine Naturdichtung im eigentlichen Sinn. Eine der ersten Kritikerinnen meines ersten Gedichtbandes sagte mir, nachdem ihre Rezension erschienen war und ich sie zufällig kennenlernte: »Jetzt habe ich Ihr Buch wieder gelesen und hab entdeckt, daß das gar keine Naturgedichte sind, daß es *philosophische Lyrik* ist ...«

Ich sehe die Natur nicht als *Eigenwert*, der mich zu Gedichten herausfordert. Manchmal tut sie es im Zusammenhang mit Malerei. In dem Gedicht »Tuschzeichnung« hab ich mit Worten zu machen versucht, was chinesische Malerei und japanische Tuschzeichnung leisten, ein spezielles *Experiment*. Ein anderes Gedicht heißt »Landschaft«, aber es ist die absolute Ausnahme, daß ich der Natur malerische *Impressionen* entnehme. Meistens drehen sich die Gedichte innerhalb ihres Ablaufs um und gehen auf etwas anderes hinaus, ihr *Sinn* wird deutlich in der *Pointe*. Aber als *Nebenzweck* schwebt mir schon vor, die konkrete Welt der Mark mit Worten wieder zu materialisieren.

An Puschkin fasziniert mich auch, wie selbstverständlich er Landschaft aufgenommen hat in Poesie, andere russische Dichter haben es getan, Jessenin. Angeregt von dieser Poesie wollte ich versuchen, das Spezifische unserer Sandlandschaft, ihrer Vegetation und ihrer Jahresabläufe, in Dichtung zu übertragen. Vergängnis und Dauer spielen für mich eine große Rolle, und es fasziniert mich – das glaube ich nicht nur, ich sehe es –, daß man mit Worten Zeit *anhalten*, sie zum Stehenbleiben zwingen kann. Ich wollte dieser Landschaft in ihrem Wandel Dauer verleihen, das hab ich mir schon zeitig vorgenommen, aber sehr *unter anderem*.

Natürlich hatten die Menschen hier Vorbehalte gegen uns. In dem Haus, das wir kauften, in dieser zweihundert Jahre alten Kate, wechselten die Bewohner häufig. Der Vorgänger wohnte nur zwei Jahre drin, ein *umgesiedelter*

Neubauer. Er hatte es vorgeblich als Alterssitz erworben, wollte aber nach Berlin, nahm das Haus nur als *Sprungbrett.* Im Kriege hatte sich ein Berliner Spekulant hier angesiedelt, er betätigte sich als Wunderdoktor und *Schieber.* Schon wegen unserer Vorgänger waren die Leute skeptisch und sagten: »Na, diese Künstler aus Berlin, und was will die junge Frau auf dem Dorf, das *wern* wir sehn, die *wern* hier nicht alt!«

Ich hatte keine Schwierigkeiten mit den Menschen, weil mir ihre Art vertraut war, ihre Sprache, die Sprachmelodie, dieses märkische *Platt,* das ich seit meiner Kindheit kannte und das eine Klangfärbung gibt, auch wenn die Leute Hochdeutsch sprechen. Selbst das Sprechtempo war mir vertraut. Dollgow und Schulzenhof liegen an der Grenze zum Kreis Neuruppin. Die Sprachmelodie ähnelt der des Dorfes, in dem meine Großeltern lebten. Hier hab ich noch alte Frauen getroffen, deren Singsang und deren schrille, gekünstelte Rufe, mit denen sie Staunen ausdrückten, mich an meine Großmutter erinnerten. Wenn ich in den Dorfkonsum ging, konnte ich mit *zuen Augen* stehen und konnte mir meine Kindheit und das Dorf meiner Kindheit assoziieren. Es gibt so ein Gedicht: »Mein melancholisches Zimmer, mein sentimentales Dorf«. Keine zufälligen Worte: Die Melancholie des Dichters ist eine Sache, das Dorf hat Sentimentalität: Wie Geschichten erzählt werden, wie Leben erzählt wird. Melancholie ist eine intellektuelle Haltung. Sentimentalität ist die Eigenschaft der Dorffrauen, sie erzählen Fabeln, die fünfzig Jahre zurückliegen, ebenso *bewegt* wie aktuelle Geschichten: Todesgeschichten, Krankengeschichten, Lebensgeschichten. Das hat mich erinnert an früheste Eindrücke. Ich hatte keine Mühe, mich heimisch zu fühlen, im Gegenteil, ich fiel bereitwillig in meine Kindheitswelt zurück, aber es hat einige Zeit gedauert, bis *wir* Vertrauen fanden.

Einerseits ist es günstig für die Arbeit, wenn man Ruhe hat, aber Leute, die schreiben, neigen dazu, in sich zurückzufallen und sich ganz auf sich zu konzentrieren. Erwin Strittmatter und ich sind einander in Phasen der Arbeit keine unterhaltsamen Gesellschafter. Wir sitzen manchmal bei Tisch zusammen, und jeder denkt an das, was er zu machen hat. Die Kinder wirkten *neutralisierend*, sie brachten ihre harmlosen Geschichten, es wurde geredet, gelacht, alltäglich kamen alltägliche Dinge von außen herein. Jetzt kommen sie *massiert*, mit den Söhnen, mit Gästen, manchmal ist das ganze Haus *voll*, und dann freut man sich auf den Tag, an dem es wieder ruhig wird und man sich an den Schreibtisch setzen kann. Aber Leute, die schreiben, produzieren Leben auf dem Papier, und ihr eigenes Leben reduziert sich auf bestimmte standardisierte Abläufe, deshalb ist es wichtig, diesen strengen Rhythmus zu durchbrechen und hinauszugehen und sich anzupassen an andere Verhältnisse.

Gedichte, in denen ich über die Ablösung der Kinder schrieb und über die schmerzlichen Reaktionen, Depressionen gar, die es bei mir gab, haben besonders große Resonanz. Es schreiben mir Menschen dazu, die in einer ähnlichen Lage sind, nicht nur Frauen, auch

Männer, oder beide Eltern bekennen, daß ihnen das gleiche widerfährt und daß in der Phase der Loslösung eine Leere in ihrem Leben entsteht, und sie schreiben, daß sie sich dessen bewußt geworden sind und versuchen wollen, einen Ausgleich, einen neuen Ansatzpunkt zu finden, um sich nicht ins *Alter* hineinfallen zu lassen. Es bestätigt mir, daß die unvoreingenommene Darstellung meiner eigenen Situation den Lesern die Möglichkeit für *Identifikation* bietet.

In »Zwiegespräch« gibt es ein Gedicht: »Ich wußte ja, daß es kommen wird, / Daß all meine Kinder von mir gehen ...« Das habe ich in den letzten Monaten mehrmals öffentlich gelesen, und immer kamen Leute und sagten: »Können Sie es einen Augenblick hergeben? Ich will es abschreiben!« Oder: »Wo ist es zu finden, wann wird es gedruckt?«

Sein Publikum verlassen sollte man vorsätzlich nicht. Man geht mit den Jahren ein Vertrauensverhältnis zu den Lesern ein oder umgekehrt, die Leser stellen sich in ein Vertrauensverhältnis zum Schriftsteller, setzen auf ihn Lebenserwartungen, Lebensfreuden, Lebensbeziehungen, aber *wandeln* wird man sich. Ich antworte Menschen, die mir emphatisch zu dem, was ich veröffentlicht habe, Bekenntnisse ablegen: »Hoffentlich werden Sie auch annehmen können, was ich in Zukunft schreibe, ich kann nicht versprechen, daß es dem ähnlich sein wird, was Sie mir jetzt bestätigen ... Mein Leben kann mich auf andere Wege führen, kann mir Erfahrungen bringen, die ich wieder in Poesie übertrage, und ich kann in einer Weise schreiben, die Ihnen vielleicht fremd vorkommt und nicht behagt.«

Ich kann keine Rücksicht nehmen. Dazu war ich von Anfang an entschlossen. Weil Lesern bestimmte Gedichte gefallen, kann ich nicht weiter solche Gedichte schreiben.

Mit der Zeit habe ich von mir absehen gelernt und mich aufs *Konkrete* gelenkt, auf menschliche Verhältnisse. Das gefällt durchaus nicht allen. Leser schreiben mir: »Ja, aber Ihre *Naturgedichte* hatte ich besonders gern, und können Sie nicht so was schreiben wieder oder lieber?« Darauf kann ich nur antworten: das unterliegt nicht meiner Willkür. Was mich beschäftigt, geht wie ein unterirdischer Strom durch mich hindurch, die Gedichte sind nur Kristallisationspunkte von Erfahrungen, von Denkprozessen, von Lebensprozessen. Ich kann mein Leben nicht *kanalisieren*, kann es nicht freihalten von bestimmten Dingen, und gerade mit der Rückwirkung von Poesie kommen auch Lasten, die man zu tragen hat. Durch die vielen Briefe wird mein Leben nicht leichter. Einerseits stützt es mich, indem es mir bestätigt, daß das, was ich mache, doch einen Sinn hat für andere Menschen. Andererseits laden mir Hunderte Leute ihre Lebenslasten auf, und ich muß auch damit fertig werden, wenn ich Gedichte schreibe. Ich bin eingespannt durch Resonanz auf die Gedichte und dadurch *unfrei*. Jemand schickte mir anonym einen Goethespruch, in dem Goethe sagt, daß man das Briefeschreiben lassen und sich nicht verzetteln solle. Man solle sich konzentrieren auf die eigentliche Arbeit, man könne, wenn man Leuten antworte, doch immer nur oberflächlich reagieren. Etwas Ernsthaftes kann man ihnen nicht sagen, also ist es nur Verlust für die eigene Produktion. Ich habe versucht, mich mit *Rundbriefen* aus der Affäre zu ziehen, hab versucht, das in eine literarische Form zu übertragen. Aber es geht eben nur als *Literatur*, nicht als Antwort auf den Brief eines einzelnen. Aber das ist auch eine Sache der Zeit, meine *Bewegungsfreiheit* schränkt sich ein, Lebenszeit und Arbeitszeit werden aufgebraucht von dem, was mir durch Resonanz auf die Gedichte abverlangt wird, ich schreibe Briefe in Stunden, in denen ich frei sein könnte zu mir selbst und in denen ich vielleicht heitere Gedichte schreiben würde, die eine Art Muße und Lastlosigkeit ausdrücken.

Diese Muße und Lastlosigkeit fehlen mir, und ich muß auch diesen Mangel, diese Bedrückung, wiedergeben und mich, wie immer, schreibend ins Gleichgewicht zu setzen versuchen. Ich fürchte eine Art *Defizit*, fürchte, daß ich keine Schwerelosigkeit mehr aufbringen kann, weil ich die Beschwernisse anderer Menschen mittrage.

Übrigens habe ich dieses Gefühl schon in Poesie reflektiert und die Gedichte auch veröffentlicht, aber das schreckt meine Leser nicht ab, sie schreiben mir trotzdem, schreiben von ihren Schwierigkeiten, und im *tiefsten* bin ich einverstanden damit, weil ich glaube, daß der Dichter eine soziale Funktion hat, eine vermittelnde, eine ausgleichende Funktion.

Die Reaktionen der Leser sind oft seltsam. Vor ein paar Tagen kam ein Brief, den jemand mit Vertrauen ohne

Adresse aufgegeben hatte. Nach der Schrift nehme ich an, ein junger Mann schrieb. »In der Zeitung fand ich zwei Gedichte von Ihnen, sie haben in mir etwas *angerichtet* ...«

Oder, jemand schickte mir »Die eine Rose überwältigt alles«. Das Buch ist von vorn bis hinten *beschrieben*. Der Mann hat es auf seine Weise interpretiert und alle Blätter mit Briefen an mich gefüllt.

Reaktionen kommen von weit.

Eine Germanistin, die mit einem Afrikaner verheiratet ist und in Senegal lehrt, schrieb mir, sie habe ein zerrendes Heimweh nach Deutschland, nach Winter und Schnee. Die Gedichte machen ihr eine Vision nördlicher Landschaft, und sie fühle verlorene Jahreszeiten aus ihnen: Frost, Wind und *kältere* Sonne ...

Eine Ärztin aus Mexiko schrieb zu dem Gedicht »Bougainvillea« und schickte mir üppige Bilder jenes blühenden Strauches.

Auch von der *andern Seite*, aus der Sowjetunion, kommen viele Briefe, merkwürdigste Zeichen!

Ich kann nicht aufhören, mich über diese Wirkung zu wundern, weil Worte etwas so Flüchtiges sind. Sie sind doch ein *Immaterielles*, ursprünglich etwas, was man *verstreut*. Wie ich rede, verschleudere ich Worte dutzendweise, das spielt sich so hin, hat keinen *Kurswert*, man kann sie beliebig kombinieren. Aber wenn man sie in ein *System* bringt und aufschreibt, fixiert man damit eine Kraft, die nicht wieder aus der Welt zu bringen ist. Diese Kraft hat ein Kraftfeld um sich, und das braucht sich nicht auf. Es geht in diese Richtung und geht in jene

Richtung und teilt sich mit und ruft etwas hervor bei Menschen, von denen man keine Ahnung hat. Von vielen erfährt man niemals, man weiß nur, die Gedichte gehen in soundso viel Exemplaren hinaus, irgend jemand muß sie doch haben! Von vielleicht zehn Prozent der Leute kriegt man eine Nachricht, das wäre schon hoch und viel.

Leser aus Jena schrieben: »Sie *müssen* etwas gefühlt haben! Wir, dreißig Leute, haben den Sonnabend-Abend mit Ihren Gedichten verbracht ...« Ein anderer Brief, von Literaturfreunden aus Gardelegen: »Am 8. Februar haben wir Ihre Gedichte gesprochen, so waren wir bei Ihrem Geburtstag dabei ...« Versammelt um dieses merkwürdig *immaterielle* System der Worte! Ich kann mich nicht daran gewöhnen, werde mich weiter darüber wundern. Es ist eins der Phänomene, über die man, wie über *Urzeugung*, wie über Entstehung von Leben, unablässig reflektieren kann. Die Poesie teilt das Geheimnis mit dem Leben, ihr Geheimnis ist so unentschlüsselbar, wie es das Lebensphänomen bisher für uns ist.

Vor kurzem fand ich einen Aufsatz, in dem stand: Die Definition von Leben ist wieder weggerückt. Man dachte, man wäre an die *genetische Information* ganz nahe herangekommen. Jetzt stellt sich heraus, daß das, was man bisher weiß, sich nur auf niederes organisches Leben bezieht. Bei Experimenten mit Fröschen und erst recht bei Versuchen mit Mäusen hat man entdeckt, daß vollkommen andere Informations-Prozesse ablaufen als bei Bakterien, die man bisher *bearbeitete*. Nun heißt es:

Wie mag es da erst beim Menschen sein! Andere Wissenschaftler *glauben*, daß sie ganz nahe daran sind, Poesie zu definieren, so, daß sie sie *nachmachen* können.

In einem frühen Gedicht schrieb ich (herausfordernd): »Die Wissenschaft wird nie erraten, wie Wortkristall zusammenschießt ...«

Dieses Geheimnis von Poesie, von Kunst überhaupt, hat etwas Faszinierendes. Es fasziniert mich nicht nur, wenn ich spüre, daß mir gelungen ist, Leben in Poesie zu verwandeln, es fasziniert mich bei jedem Dichter, den ich *treffe*. Immer überkommt mich das Wundern vor dem Wunder und der *Rausch*.

Mich *berauscht* Poesie, und einen Dichter zu entdecken, gleich von wo und von wann, ist für mich das Größte im Leben. Das Wundern bleibt unausgesetzt.

1980/82

Rundbrief

Heute, am 10. Januar 1978, resigniere ich: vor den fünfzig Briefen, die hier unbeantwortet liegen, obwohl ich seit Wochen nichts mache als *Post*, und vor meinen Armen, dem rechten Ellenbogen zumal, der die *Tennisspieler-Krankheit* hat, wie der Doktor Niepel in Piešťany mir erklärte, Abnutzungserscheinungen, die nicht zurückgehen werden. Der Doktor N. hat noch einen Zusatztitel, den ich bei uns nie gehört habe, und so wird er auch angeredet: Der Herr *Primarius*. Der Herr Primarius also sagt, es kann bei mir nur vom Schreiben kommen, da ich nicht Tennis spiele – Tennisspielen ist für meine Begriffe zu Leuten gehörig, zu denen ich nicht gehöre, in meiner Heimatstadt Neuruppin waren das die *feinen Leute*, einen Tennisplatz gab es im Stadtpark, da konnte man sie sehen in ihrem weißen Zeug, schlank, elegant, beweglich, nicht von dieser Welt, in der wir lebten – und ich soll das Schreiben lassen, die Arme schonen. So wollte ich einen Brief auf Tonband diktieren, ich redete mit dem Apparat wie mit unserem Hund: willst du wohl das Zeug aufnehmen, aber er nahm nicht, schließlich fiel mir ein, daß man dazu ein Mikrophon braucht, ich probierte alle Anschlußstellen, kriegte den Stecker hinein, aber nun ging das Kassettenband nicht mehr vor noch zurück, vielleicht sind die Batterien jetzt leer … Also muß ich doch die Ellenbogen strapazieren und auf der Maschine meine Vorlage schreiben, denn Strittmatter, der Bescheid weiß mit dieser Technik, will ich nicht beim Redigieren des »Wundertäter« stören, und Sohn Matthes, der andere *Techniker*, ist *Waldarbeiter auf Zeit*.

Ich will einen Brief schreiben, den Frau Z. kopieren soll, um ihn an Freunde und Leser zu schicken, denen ich Antwort schulde. Den Gedanken hatte ich schon lange, da entdeckte ich, daß Hermann Hesse so etwas gemacht hat – Hesse, von dem ich mit Freuden annehme, was er mir gibt; übrigens besitze ich etwas von ihm, was er mir nicht gegeben hat, Leser schenkten mir Blätter mit maschinegeschriebenen beziehungsweise schön gedruckten Gedichten von Hesse, mit Grüßen und Unterschrift, und ich hüte diese Blätter sehr. Ich weiß nicht, ob man heut, bei uns, solche Einzeldrucke machen kann, darf, ob man dafür eine Lizenz braucht oder es einfach von jemandem, der Briefköpfe und Kuverts bedruckt, herstellen lassen könnte. Manchmal möchte man einem Leser mit einem besonderen Gruß danken, es kommen so gute, so schöne Briefe, aber da es viele sind, antworte ich nur flüchtig und schreibe in meiner schon immer schlechten, nun noch rheumatisch verzerrten Schrift ein paar Floskeln zum Gegengruß.

Einige zehn Jahre zurück hätte ich so gern Post bekommen, da kam für mich selten genug ein Brief – keiner schreibt, keiner ruft an, ich bin vergessen, vergangen – ich habe mich so hartnäckig nach Kontakten gesehnt, dieses Sehnen verdichtet und hinausgesendet, daß nun die Wirkung zurückläuft. Wie im Märchen, wenn der

Hungrige das Zauberwort für den Brei erfährt, und es *überkommt* ihn ... Das ist natürlich ein unpassender Vergleich. Es hat nicht mein Verlangen aufgehört zu hören, zu erfahren, was Menschen denken, tun, schon gar nicht, wie sie umgehen mit dem, was von mir ausgeht, aber es kommt mir aufs Hören an, nicht aufs Reden – und Briefeschreiben ist ein Miteinanderreden – was ich zu sagen habe, will ich in Gedichten sagen oder in anderen nichtadressierten Wortverbindungen. Denn obwohl ich weiß, daß Menschen mit freundlicher Gesinnung auf das warten, was ich schreibe, kann ich doch nicht an sie denken bei dem, was nun auch ich mich gewöhnt habe, *Arbeit* zu nennen.

Ich hatte ein unruhiges, ungutes Jahr und habe das einzige Verlangen, mich in Worte *zurückzuziehen*.

In den nächsten Monaten erscheinen meine neuen Bücher, die »Rose« und die »Briefe«. Während sie zu den Freunden und Lesern kommen, werde ich einen Weg suchen, auf dem es sich weitergehn läßt, an den Kreuzungen, auf denen diese Bücher stehen, bin ich seit Jahren vorbei.

Eigentlich, im *tiefsten Innern*, wie man früher sagte, habe ich aber auch dazu keine Neigung, ich möchte *leben*, von mir werfen, was mit Literatur zu tun hat.

Vor ein paar Tagen lief ich am Vormittag vom Briefschreiben fort, ich mußte Matthes eine Bestellung überbringen, die telefonisch an mich gekommen war. Ungenau wußte ich, wo im Wald er sein könnte. In der Nacht oder gegen Morgen hatte es geschneit, so ein Reifschnee, dünne Schicht, aber man konnte doch Spuren

sehen, und da habe ich zum ersten Mal in meinem Le-
ben einen Menschen nach seinen Spuren gesucht. Es
ging über Hügel, durch Hochwald und Schonungen, im
Wald war die Schneedecke zerrissen, ich mußte feinere
Zeichen lesen lernen, Druckstellen, Schmelztiegel, ich
verlor die Spur, ging im Kreis, kehrte zu einem festen
Punkt zurück, der Hund sprang freudig voraus, neben-
her, war aber natürlich auf diesem *indianischen Pfad*
nicht zu brauchen. Als ich die Spur ganz verloren hatte,
riß ich mein Kopftuch herunter, lauschte, hörte etwas
und fand schließlich Matthes und seinen Förster in
einem Kiefernbestand, wo der einsame Jung-Waldarbei-
ter mit langer Säge bis zu sechs Metern Höhe die Bäu-
me entästen sollte. Matthes mit blauem Kopfschützer,
gestrickter Ritterhaube, der Förster, wie immer *zünftig*
in Grün, Waldläufer, Vogelkenner und Fledermausfor-
scher. Über den Föhren, dem Schnee, den geröteten
Wipfeln der Wegrainbirken Bläue und Sonne, die Luft
geschmelztes Kristall, rein, leicht, wie auf den Bos-
nischen Bergen im Frühling, und ich hatte einen An-
fall von Lebenslust, so seit langem nicht mehr. Erheitert
sah ich mich von außen: langer Mantel, Altfrauen-Um-
schlagetuch, Stiefel von Strittmatter, aufgekrempte
Hosenbeinlinge, wegen des Schnees, groteske Gestalt,
die da durch den Wald stampft und fühlt: es wär mög-
lich zu fliegen ... Wenn es gelingen würde, die *Pflichten*
abzuschütteln, wenn man es lassen könnte, sich immer
neu zu binden und einzuschnüren ... Wozu all die Le-
sungen, Briefe und *Nebendinge?* Essays, Vorworte,
Nachworte, Interviews, Büchersignierstunden, Fern-

sehgespräche – wenn du doch weißt, daß das Leben be-
grenzt ist? Wenn es weiter so geht, wirst du nicht mehr
leben, Schein-Pflichten werden dir nicht einmal jene
Freiheiten lassen, die möglich sind. Es ist Zeit, laß die
Hast.

1978

Rundbrief zum Tode
von Dušan Tomovski

Der mit dem ich mich im Süden
Treffen wollte, ist gestorben.
Diese grüne Hoffnung ist mir
Abgefallen und verdorben.
Und woher nehm ich nun neue
Hoffnung, die mich hebt so an,
Daß ich mich des Sommers freue
Als verheißen? Jener Mann,
Der gestorben ist, war mir
Nur ein Freund aus fernen Tagen.
Und doch konnte ich ihm sagen,
Was ich sonst nicht sagen kann.
Warn einander Klagemauer,
Beichtiger und Ablaßbote.
Meine winterliche Trauer
Hoffnungsvoll bewohnt der Tote,
Daß ich ihn nicht gleich vergesse,
Sondern seinen Namen nenne,
Um ihn Brot des Grames esse
Und ihm eine Kerze brenne
Zum Gedenken. Dušan, höre!
Wie ich dir Gedächtnis schwöre!
Nicht für ewig. Immerhin
Weiß ich, daß ich sterblich bin,
So wie du. Solang ich lebe,

Sollst du aber mit mir sein.
Und die Sommerhoffnung gebe
Ich dir mit ins Grab hinein.
Und ich will auch keine neue
Sommerfreude südlich finden,
Sondern dein in Freundestreue
Denken nördlich unter *Linden*.

Ich will Euch von Dušan Tomovski erzählen, der am 18. Oktober 1979 in Chikago gestorben ist.

Dušan war Makedonier, Professor der Germanistik, Lehrstuhlleiter in Skopje und mein Freund seit 1971, als ich zum ersten Mal bei den Strugaer Abenden der Poesie war. Er hat den »Faust II« und das »Nibelungenlied« ins Makedonische übertragen und war ein Mensch, an den sich nun viele mit jenem scharfen Gefühl der Unwiederbringlichkeit erinnern: Verlust, Verlust.

Am 17. November kam ich mit einem anderen unserer Germanistenfreunde, mit Nodar Kakabadse aus Tbilissi, von Berlin nach Schulzenhof. Nodar wollte ein Wochenende bei uns verbringen und sich in das Manuskript des »Wundertäter III« hineinlesen. Es war kurz vor Mittag, als wir ankamen, und ich blätterte den Poststapel nur an, der in einer Woche Abwesenheit für mich aufgelaufen war, dann arrangierte ich ein Essen. (Vor ein paar Tagen fiel mir auf, daß ich fast nie über diese *profane* Tätigkeit schreibe, warum eigentlich? Die Männer sind überzeugt, daß ihre Arbeiten poetisch sind. Wie hat Paustowskij über das Angeln geschrieben!)

Wir *zelebrierten* also zu Ehren unseres Kaukasiers die

Mittagsmahlzeit, das heißt, wir tranken ein wenig Wein, Nodar konnte sich einiger ritueller georgischer Trinksprüche nicht enthalten, dann trennten wir uns für ein paar Stunden, ich begann meine Post zu lesen, und in die wein-heitere Laune, in das chemisch erklärbare Gefühl von möglichem Glück hinein schlug, was mir der Germanist Dr. Kirsch aus Halle schrieb: Eben erfahre ich, Dušan ist tot ... Kirsch hatte mehrere Jahre bei Tomovski am Germanistischen Lehrstuhl gearbeitet. Das war am Sonnabend, am Montag erreichte mich ein Brief von Matthias Bronisch aus Bielefeld: Dušan ist tot ... Auch Bronisch war Dozent an der Universität Skopje gewesen. Als Bronischs Brief kam, hatte sich der Schmerz noch nicht gelegt, den Kirschs Brief mir gemacht hatte. Schlecht war mir vor Jammer, physisch übel vor Trauer. Wie Tschechows Fuhrmann allen erzählen will: »Mir ist, mein Lieber, der Sohn gestorben«, so hätte ich jedem sagen mögen: »Mir ist, verstehst du, mein Freund gestorben ...«, dabei, was war das schon für eine Freundschaft? Zwei Mal hatten wir zusammen eine Woche in Struga verbracht (1975 war ich noch einmal dabei), wir hatten uns in Weimar während der Internationalen Germanistentage getroffen und gelegentlich korrespondiert. Der letzte Satz, den er mir, drei Monate vor seinem Tod, von Halle aus schrieb: »Es wäre wirklich schön, wenn Du kommst!« Das stand noch unter seinem Namenszug, den Text verstärkend, den er auf der Seite davor geschrieben hatte: »Ich würde mich sehr freuen, wenn du Zeit findest, zu uns zu kommen.« Der Brief ergänzte die amtlichen Einladungspapiere zu den Strugaer Abenden

der Poesie 1979. Wer Dušan kannte, weiß, welch ein un-
verhältnismäßiger Gefühlsausbruch das war, ich hatte
mich entsprechend gefreut, so wie ich stolz darauf war,
daß er mir Briefe schrieb, denn unsere gemeinsamen Be-
kannten sagten: »Daß er nie schreibt, ist seine einzige
Untugend, wir sehn sie ihm nach wegen seiner Tugen-
den …« Ich hatte keine Zeit gefunden, 1979 zu fahren,
ernste Gründe sprachen dagegen, 1976 und 77 mußte ich
Visum und Flugschein zurückgeben wegen Krankheit,
drei Mal hatte ich also abgesagt! Auf seinen letzten Brief
antwortete ich: »Aber 1980 wolln wir am Sonnensee wie-
der zusammen sein!« (1978 wurde es nichts, weil Dušan
einen Autounfall gerade noch überlebt hatte. Er schrieb:
»Ich bin ganz zertrümmert, gehe an Krücken …«)

Und nun wird es das nie mehr geben: Tage am Ohrid-
see, dem Sonnensee. Aus, das ist es gewesen – auch
wenn die Strugaer Abende weitergehen und ich wieder
dorthin reisen sollte. Ohne Dušan ist es nicht, was es
war. (So schreibt Kirsch: Skopje ohne Dušan? Bronisch:
Ohne Dušan Makedonien?)

Dušan, das war ein nobler Mensch. (Der »Duden«
übersetzt: »edel, vornehm, freigebig«.) Er hat all die
Jahre – und viele Jahre gingen die Strugaer Abende der
Poesie im August – die deutschen und die skandinavi-
schen Dichter betreut, hat für sie gedolmetscht, ihre
Gedichte übertragen, sich um Essen, Trinken, Wohnen,
Transport gekümmert und mancherlei Ärgernisse we-
gen unvermeidlicher Unzulänglichkeiten der Organisa-
tion ausgestanden (es ist ja nicht einfach, ein paar hun-
dert Leute unterzubringen und Leseabende zu arrangie-

ren, bei denen diese sehr verschiedenen, nicht nur verschiedensprachigen, Dichter ihre Werke vortragen können neben möglichst *kongenialen* Übersetzungen). Nicht immer hat er Dank empfangen. Mancher, der kam, meinte wohl, Dušan muß das machen, es ist sein Amt, sein *job* vielleicht gar, dabei war es nichts als Passion für die Literatur und Hoffnung auf Teilnahme an dem Brüderlichkeitsgefühl, das, bei günstigen Bedingungen, entstehen konnte. In unserer zerrissenen Welt hängt die Poesie auf ihre (meist verschämte, verschwiegene) Weise noch immer der Utopie einer möglichen Einheit an, gegen alles, was sie sieht und weiß, reißt es sie immer wieder zu dem »Alle Menschen werden Brüder« und dem schönen Götterfunken Freude hin, und Struga bot den Dichtern den Rausch, die Illusion der Brüderlichkeit, der Aufhebung von Grenzen und Sprachgrenzen, es konnte scheinen, als gäbe es nur die eine Sprache der Poesie. Alles in diesem südlichen Land war gemacht, den Rausch zu begünstigen: Farben, Früchte, Wärme, Wein, das lichte Gewässer des Ohridsees, ein Meer fast, archaisch rein, es schwamm sich darin, wie es sich nur in Träumen sonst schwimmt, wenn man nicht weiß, ist es Licht, ist es Luft, ist es Wasser – so klar, so kühl, so schwammen die Schatten der Fische am Grund.

Das Land, Makedonien, das sich aufgemacht hatte, die Dichter der Welt zu versammeln, war in Dušan vollkommen *dargestellt*. Gewiß gibt es typischere Makedonier, als er einer war, er hatte vieles sublimiert, sein Nationalgefühl war verflüchtigt zu einer Art bitterer Heiterkeit (ein

Amalgam, das er für vieles als heilendes Mittel gebrauchte), aber ist es nicht oft so, daß die Besten einer Nation die Abweichenden sind? (Werden Talente durch Beimischung nicht in auffallender Weise gesteigert?)

Einmal hat er mir von seinem Leben erzählt. Ich habe nichts notiert, nur im Gefühl die Stimmung bewahrt, deutlich, und Einzelheiten, verschwommen, in meinem Gedächtnis. Daß er als Sechzehnjähriger Partisan war, zusammen mit Vater und Bruder, die beide gefallen sind. Wie das Leben im Winter in diesen furchtbaren Bergen war, von denen aus sie gegen die Deutschen *operierten*. Wie er nach dem Krieg sein Studium begann, das ursprünglich in eine andere, naturwissenschaftliche, Richtung ging, er arbeitete voll im Beruf, um seinen Lebensunterhalt zu verdienen, studierte nebenher und wurde krank, lag vier oder fünf Jahre mit Lungentuberkulose in Sanatorien und begann, Sprachen zu lernen. Als ich ihn kannte, sprach er perfekt Deutsch, Englisch, Französisch, Italienisch. Da war er schon Lektor in England gewesen. Er hatte eine Art irischen Witz (ob von den Inseln mitgebracht, angeboren oder anerzogen als Lebenshilfe des Melancholikers?). Seine deutschen Studien hatte er in den sechziger Jahren in Halle komplettiert. Er rühmte die Stadt, seine Kollegen, die mütterliche Zimmerwirtin und ihre deutsch-häuslichen Tugenden ... Oft war er als Lektor im Ausland, zuletzt, nicht mehr mit zwei Krücken wie im Jahr zuvor, aber doch noch mit Gehstock, in Amerika. In Chikago begann er gerade Vorlesungen über Makedonistik. Im Sommer, in Halle, hatte er zu Dr. Kirsch gesagt: »Es ist noch nicht alles in Ordnung mit mir, aber in Amerika will ich mich nicht behandeln lassen, ich habe ein Vorurteil gegen die Ärzte.« Gestorben ist er an Herzversagen. Er hat furchtbar geraucht, ganz starke Zigaretten, wie in früheren Zeiten der Dichter Paul Wiens und der Verleger Günter Caspar. Er war nicht glücklich, hat aber mit dem Mut des Matadors den schwarzen Stier der Verzweiflung niederzuzwingen versucht (den unbezwingbaren, der immer wieder aufsteht in uns), er hat es mit Arbeit getan, mit den gewaltigen Übersetzungswerken, an die er sich wagte neben der Arbeit am Lehrstuhl, neben der Arbeit für Struga ... Scheußliches scharfes Gefühl des Verlusts. Er liebte Emilia, die Tochter.

Schon immer habe ich mich am stärksten im Winter an Struga und Ohrid erinnert, nicht weil die Sehnsucht nach dem Süden im Winter am größten ist, sondern weil der Himmel in unserer Gegend nie sonst so intensiv blau ist wie über dem Schnee, und weil die Luft nur überm Schnee so rein ist, so voll Ozon wie in Ohrid am See.

Jetzt, Anfang Januar, sind Tage voll Glanz, scharf kalt, aber das steigert nur die südliche Bläue des Himmels, und südliche Bilder kommen herauf, Wanderungen mit Dušan durch die alte Stadt Ohrid, entlang den steinernen Mauern in Weiß, die mit den Straßen ansteigen, bepflanzt mit Begonien, blühend üppig orange und rot, die Blumentrichter im steilen Lichte des Mittags wie aufgerissene Schlünde des Lebens. Verzauberungen von

Schatten, sich öffnende und wieder zufallende Tore in muselmanischen Häusern, eine türkische Melodie, *professionell* gespielt im Radio des Touristencafés, aber doch noch zu deuten aus ihrem Ursprung in zeitloser Zeit, Monotonie stehenden Lebens, Jahrhunderte in sich kaum bewegt, und die Augenblicks-Illusion, von dieser Musik erzeugt: Leben und Glück könnten dauern, wir werden nicht altern, nicht sterben, der Rhythmus dieser Musik wird gehen heute und morgen und immer, diese Sonne wird sein; diese Häuser, die Blumen, der Himmel werden bleiben, man wird so nebeneinander gehen und schweigen, ohne Anspruch, einander in nichts und zu nichts verpflichtet, wird aufsteigen zum Kloster, wird stehen über der weißen Stadt und der blauen Freude, dem See, wird sich der Hitze aussetzen wie einer Kraft, die uns steigert, sich messen an ihr, widerstehen und endlich, willig besiegt, in die Kühle des Klostergemäuers eintauchen, von Geschichte umstellt, mit halbem Ohr dem Geraun ihrer Erklärer zuhören und die Ikonen der Stifter, ihre blauen Schatten, deutlicher fühlen als jede Erklärung, wird hinausgehen, sich wieder stellen ins steinerne Licht und im Hofe des Klosters, im staubigen Gras, die Sprache der Stille, das Geschrill der Zikaden, mit ganzem Gehör, mit Leib und Sinnen erfahren und dem Blick der Eidechse standhalten.

Seliges Innewerden von Zeit! *Das* in Ohrid am See, *das* mit Dušan, dem Freund.

Und abends auf der Terrasse des Hotels über dem Garten am See, und die Sonne geht unter auf der griechisch-albanischen Seite, ein Feuer von Farben, ein Zweiklang aus fließendem Blau und schmelzendem Rot, nun die Musik makedonisch, die Monotonie rhythmisiert zu Schleifen und Sprüngen, zu Freude erhellt, im Hintergrunde Gelächter, Gemurmel in Zungen der Dichter, der Völker, Gemisch von Sprachen, Gesängen, im Vordergrund Schweigen – Dušan und ich, wir sehn in die Sonne, wir reden nichts, das geht selten: zusammensitzen und schweigen

Die Grundlage unserer Freundschaft war Schweigen. Weil wir das konnten miteinander, schweigen, konnten wir reden von Dingen, über die wir sonst mit niemandem sprachen.

Immer schon war es mir lächerlich, anzuhören, daß zwischen Männern und Frauen keine wirkliche Freundschaft möglich sein sollte. Dušan und ich verstanden einander, über Geschlecht, Nation und Jahrgang hinweg. Ich wußte, warum er welche meiner Gedichte übertrug: »Trauer« – er brauchte sich nicht zu erklären. Er wußte, was mir der Ausbruch aus den Verhältnissen meines Lebens in die Freiheit von Pflicht und Bestimmung bedeutete, die ich in Struga und Ohrid fand. Wenn ich Anfechtungen des Gewissens erlitt, sagte er mir: »Sein Sie nicht so deutsch …«

Und die Abende der Poesie, die Feier der Worte auf jener Brücke, die den Schwarzen Fluß bei seinem Austritt aus dem Ohridsee überwölbt! Zehntausende Menschen, gelagert an beiden Ufern des Flusses, wie beim Puschkintreffen in Michailowskoje, Kinder und Greise, springende Lust und sinnende Freude, und der Liebesantrag der Dichter an die Menschheit, ihre Zuwendung an das stellvertretende makedonische Volk, unvergleichliches Fest! Dušan macht mich durch seine Sprache für diese Menschen zum Menschen, der zu ihnen spricht … In der Nacht, im Biser-Hotel, bricht der Kolo aus, der Rundtanz, der Radtanz, der Reigen … Einer beginnt, ein zweiter folgt, Hand geht zu Hand, die Kette wächst, wächst durch den Saal, schlingt sich um Tische, Stühle und Bänke, Winkel und Treppen, zwei Schritte nach rechts, ein Schritt nach links, im gemessenen Rhythmus zunächst und mit deutlichen Zäsuren des Taktes, dann, mit der drängenden Musik sich verschleifend und steigernd, rasch, jäh, Atem jagend, Zeit anhaltend, Tanz der Brüderlichkeit, bewußtloses Glück. Der melancholische Dušan, Makedonier auch er, mehr als Intellektueller, in diesem Moment der Musik, unterbricht das Rauchen, geht in die Reihe, wächst ein in die Schlange der Skandinavier, Engländer, Balten, Russen, Armenier, Ungarn, Rumänen und der den Tanz aus sich heraushebenden Makedonier – der Tanz ist in ihnen, mit ihnen geboren, sie holen ihn nur, mit leichtesten Schwüngen, hervor – und ich vergesse das Deutsche, das Steife, mein Rückgrat aus Scheu, und nehme teil an der Brüderlichkeit, am bewußtlosen Glück, dem in der Kindheit gekannten, lange verlornen, nur in den Stunden, da Dichtung geschieht und in Augenblicken der Lust als flüchtige Spur von Erinnrung wiedergefundnen …

Nein, wir leben nicht nur aus Bewußtsein, vom Bewußtsein, mit Bewußtsein. Nicht vom Brot allein. Wie gesteigert war unser Lebensgefühl in den langen Stunden des Hungers, da wir von Struga über die Berge, die Marmorberge, gen Skopje fuhren! Nichts als den Menschen verneinendes Land, Ödnis aus Steinen und Himmel und Staub, weiße Sonne, stauende Hitze in den Kesseln der Täler, und wir im Auto: Gespräche, Gesänge in Griechisch, Makedonisch, Norwegisch, Deutsch, Schwerelosigkeit in der Höhenluft, Verlust von Identität und Bindung: wer wir sind, sind wir durch Bindung an den Plätzen unserer alltäglichen Existenz. Hier ist alles verloren, niemandem bekannt, kaum unser Name folgt uns, nur Sprache, Nation (kaum Sprache, Nation, man bedient sich der seit langem verbindenden Sprachen der erfolgreichen Völker, der Eroberer und Händler) – wir spielen das Spiel Freiheit, das Spiel *ich*: nicht gekannt, es sei denn durch Worte (durch die leichthin gesprochnen und durch die schwer geborenen unserer Gedichte) machen wir einen neuen, einen Augenblicksentwurf von uns, und wer sagt, daß wir es nicht sind? Nicht gerade der in diesem Moment? Und alles andre Verzerrung, Verstellung durch Umstände, Zeit, nicht gemeint bei der Möglichkeit des Beginns? Das vergeht, wir kehren allemal zurück in Bindung, Beschränkung, zur Pflicht. Und heben sie auf mit Gedichten, die, wenn sie die Schranken der Schwere wirklich überwinden, auch Grenzen überfliegen, die tatsächlichen und die der Sprache. Aber nur durch die Erfahrung der Distanz, des Verlustes von Bindung, der Leugnung von Pflicht ist die Fähigkeit zum Flug, ist die *Schubkraft* zu gewinnen, die uns hinaufreißt zu jener kosmischen Bahn, auf der Poesie die Erde umkreist. Erste Erkenntnis davon, neben Dušan, unterm Himmel Makedoniens …

Doch wir waren auch, miteinander, auf dem alltäglichen Skopjer Bazar. Pfirsicharoma und Knoblauchgeruch, Holzkohlenrauch und Hammelfleischdunst (erst talgig, dann brandig), Geruch von Leder, Wolle, von Kupfer (Grünspangeruch), hypnotisch Musik, und mein Gefühl, irritiert, ein im Norden verlorener Südmensch zu sein … Eine Imbißstube, ein Getränk aus Mais, Dušan empfiehlt: das ist makedonisch – ein Quell aus Frische schäumt auf in der Saharahitze, die Skopje schlägt. Und das Wissen: das ist der Moment, der erinnert sein wird, lastloser, um den Leben sich lohnt.

Wir gehn durch die Wüstung im Zentrum der Stadt, vom Beben der Erde verworfnes Gebiet. Und Dušan erzählt: Emilia war noch kein Jahr, als es Skopje traf. Er und die Seinen, sie haben es überlebt. Die vielen Toten sind ausgewandert, bergan ins umgreifende Land, die Stadt wächst hinaus, sie wird nie mehr werden, was, wie sie war, das kann man nicht herstelln, die Altstadt, das Leben wird diese Form nicht mehr finden, es ist dran vorbei, hat nur noch die Hülle bewohnt, solange sie da war, solange es ging.

Wir beide, Dušan und ich, bei unserm Hang zum Irrationalen, das schweigend erlebt und schreibend gesagt wird, waren doch Rationalisten, Anhänger von Ökonomie und Soziologie, interessiert an Details von Gesellschaftsprogrammen und Pädagogik, System, das Bildung vermittelt und Arbeit ermöglicht. Von den Schwierigkeiten seines Landes, in dem erst alles begann, hat er mir dringlich erzählt, und er hat mir das makedonische Wort für die im Ausland Arbeitenden gesagt, ein

Wort, das seit Jahrhunderten existiert und auch heute verkündet, daß, wer nicht zu Hause leben kann, in Bitternis lebt (im *Elend*, wie es im alten deutschen Lied für Ausland noch heißt: »Wo ich im Elend bin ...«) – davon sprachen wir, ich erinnere mich – und wievieles, mehr und mehr, erinnre ich plötzlich –, beim Abschlußempfang des makedonischen Pen-Clubs in einem Garten in Skopje: Himmel und Grün zwischen Häusern, Mauern, über die man nicht sah, und schon die Trennung am Tisch, von der man sich abwendete, die man redend verdrängte – das letzte gemeinsame Mahl, die letzte gemeinsame Stunde – würde man sich wiedersehen, je und je? oder nie?

Jetzt weiß ich es, es war nie.

Regnerisch kalt gegen Ende April.
Abend des Tages, an dem ich geschrieben,
Was mir vom Freund im Gedächtnis geblieben,
Dušan, der südlich begraben liegt.
Ich habe die Trägheit des Herzens besiegt
Und endlich sichtbar in Worte gebunden,
Wie mich in schweren Erinnerungsstunden
Trauer durchrast und Leere umspült ...
Ich habe die heißen Worte gekühlt
Herunter zum Einton der größeren Grille.
Zikadengeschrill um die Gräberstille,
In der Dušan liegt, in Skopje, der Stadt,
Die immer für mich seinen Namen hat,
Von Musik umflirrt und von Hitzedunst,
Und Leben war eine leichtere Kunst,

Ein paar Jahre zurück, als man jünger war
Und beim Abschied sagte: »Auf nächstes Jahr!«
Und nicht wußte, daß dieser bald sterben muß,
Und »Auf nächstes Jahr!« war von allem der Schluß,
Und nun Regen und kalt und Abend April!
Kein Gebet und kein Trost macht das Herzleid still,
Es ist auszudauern und auszuleiden,
Und, Dušan, ich bin nun der eine von beiden,
Der das Leben hat und hat den Verlust,
Und dir, Freund, ist alles das unbewußt,
Und Abend April und Kälte und Regen,
Und redend will ich die Erde bewegen,
Daß ein Zittern die Rinde südwärts durchfliegt,
Dorthin, wo der Freund mir begraben liegt.

1980

Doktor Tschechow

Tschechows Existenz hat mein Leben verändert.

Ich verdanke Tschechow *unendlich* viel: auch im endlichen Leben kann es Unendliches geben. Seit fünfundzwanzig Jahren lese ich seine Geschichten, seine Stücke, seine Briefe, seine »Reise nach Sachalin« – welch ein heldenhaftes Unternehmen wird da als *normale* Reise beschrieben – und ich lese von Jahr zu Jahr anders, mit tieferem Verständnis, mit größerem Genuß. In seinem Werk ist etwas Besonderes enthalten.

Es gibt ein schönes Wort von Gorki über Dickens. Er nannte Dickens ein *Genie der Menschenliebe*. Gorki hat auch gut und genau über Tschechow geschrieben (sie kannten einander, und Tschechow hat aus Protest gegen Gorkis Ausschluß aus der Russischen Akademie seine eigene Mitgliedschaft gekündigt), aber dieses auf Dickens geprägte Wort schien mir immer auch zu Tschechow zu gehören. Das war ein Mann, der die Menschen liebte.

In früheren Zeiten wurden ja Worte gebraucht wie Menschenfreund, Menschenfeind, Menschenliebe. Uns scheinen sie etwas veraltet und nicht recht zu unserer *Weltanschauung* zu passen. Aber Tschechows Menschenliebe war eine *materialistische*. Er hatte nicht nur Medizin studiert, er war ein richtiger Arzt, der Ursache und Wirkung in Zusammenhang sah. Menschenliebe hieß für ihn, seinen Zeitgenossen zu sagen: *Schlecht lebt ihr!* Das hätte auch ein Moralist sagen können. Für den Schriftsteller kam es darauf an, das zu beweisen. Nur wenn, was gezeigt wird, wie Leben ist, macht es einen Eindruck in uns. Das Wort muß sinnliche Gewalt besitzen.

Abgesehen vom *Scharfblick* des Schriftstellers gibt es einen Arbeitsprozeß, in dem das Wortgefüge gebaut, verstrebt, verdichtet wird, bis es die Wirklichkeit einfängt. Tschechow war nicht nur ein *Genie der Menschenliebe*, er war auch ein Mann der Arbeit. Ohne Arbeit keine Menschenliebe: nicht Bekenntnis, sondern Handlung. *Man muß arbeiten*, das ist der zweite Kernsatz, der sein Leben durchzieht. *Seine* Arbeitsleistung war ungeheuer. Er war krank, hatte Tuberkulose. Schrecklich waren seine letzten Jahre. Aber er arbeitete. Wenn man wissen will, was das ist, ein *Held*, soll man sich mit Tschechows Leben vertraut machen.

Von ihm sprach sogar der recht skeptische Tolstoi mit Zärtlichkeit. Nicht nur, weil er Tschechow für einen Schriftsteller hielt, der es in der *Technik* des Schreibens weiter gebracht hätte als Tolstoi selbst, sondern wegen des *Zaubers*, der von Tschechow ausging. Von diesem Zauber sprachen oder schrieben viele, und er berührt auch uns über die *Ferne* der Zeit hinweg, sobald wir mit ihm zusammenstoßen. Und ein Zusammenstoß ist das schon, wenn man seine Geschichten liest …

Mir scheint, es gibt zwei Arten von Literatur. Eine, die von Literatur, und die andere, die vom Leben ausgeht. Die russische Literatur des 19. Jahrhunderts ging vom Leben aus. Puschkin, Gogol, Turgenjew, Leskow, Tolstoi, sie haben Hunderte von Orten und Tausende von Menschen geschildert. Man liest mit der Gewißheit: *So war das Leben* zu ihrer Zeit, das ist keine *Erfindung*, das ist *Wirklichkeit*.

Innerhalb dieser großartigen russischen Literatur des 19. Jahrhunderts ist Tschechow noch etwas Besonderes. Weil er seine Geschichten knapp erzählte, konnte er von vielem und vielen erzählen. Er allein hat – wie jemand sagte – so viele Menschen geschaffen, daß ein Straßenzug sie nicht aufnehmen könnte.

Natürlich kann man, auch wenn man knapp erzählt, langweilig und verschwommen schreiben. Bei Tschechow ist alles Wesentliche da, was das Leben des besonderen Menschen bestimmt. Das Physische wird physisch deutlich, und das Seelische wird auf den Frequenzen vermittelt, die es vermitteln können: durch Sprache, durch Schweigen, durch Blicke, durch Handlung. Welch ein Wunder ist so eine kurze Erzählung wie »Gram«, in der ein Mensch einen Menschen sucht, der ihn *anhört*. Man ist erschüttert: so genau ist das geschildert. Und doch ist es nicht der scharfe Blick, der den besonderen Zauber Tschechows ausmacht. Seine Güte, sein Mitleid sind es. Tschechow kann von den krassesten Dingen schreiben, von Mord, Gewalt, Schmutz, Finsternis, Hunger, Dummheit, immer ist sein Mitleid mit den Menschen zu spüren, deren mögliches Bild in ihm lebt: So könnten sie sein, aber so *sind sie*. So ist das Leben, und *man muß es ändern*. Denn das ist der dritte Kernsatz, der sein Werk durchzieht. Wieviel auf die Zukunft gerichtete Träume gibt es in seinen Erzählungen, in seinen Stücken. Wie oft rufen seine Helden die Menschen des kommenden Jahrhunderts an und bitten um Nachsicht für ihre Unzulänglichkeiten ...

Keiner hat seine Zeitgenossen *so* sehen gelehrt wie Tschechow, den die meisten zunächst für einen Spaßmacher hielten, weil er so *komische* Geschichten erzählte (er begann als Verfasser von Kurz-Humoresken für entsprechende Blätter), und diese Ansicht war so allgemein, daß Tschechow selbst sie teilte und verwundert war, als ihn ein älterer Schriftsteller mahnte, sein Talent nicht zu verschleudern. Tschechow begann als *Brot*-Schreiber; dieser Sohn und Bruder einer großen Familie ernährte, neben dem Medizinstudium, seine Angehörigen mit Schreiben. Er hat die Seinen versorgt, erzogen, sein Leben lang hat er Verantwortung für andere übernommen. Immer hat er mehr gegeben, als er nahm. Der *Zauber*, der alle betroffen machte, die ihn kannten, und den seine Geschichten in den Raum und in die Zeit vermitteln, hat viel mit dem moralischen Wesen zu tun, das er war, das er lebte.

Tschechow hat gezeigt, daß die Kunst nicht plump sein muß, wenn ein moralisches Bewußtsein im Schriftsteller vorherrscht; dieses moralische Bewußtsein kann schön sein. Vieles im Leben seiner Zeit hat er im Namen der Schönheit verurteilt: das Schlechte ist *häßlich*, darum muß man es hassen.

Jedes Leben hat seine Verwandlungen, seine Verluste. Vieles, was groß war, verkleinert sich, aber manches wächst mit den Jahren. Tschechow wird größer.

1974

Im tiefsten Rußland

Über Konstantin Paustowskij

Der Schriftsteller Arno Schmidt hatte eine Neigung zu Rechenexperimenten, und so errechnete er auch, daß der Mensch im Lauf seines bewußten Lebens von zwanzig bis sechzig, in vierzig Jahren also, nicht mehr als dreitausend Bücher lesen könne, wenn er für jedes Buch vier bis fünf Tage benötige. Das schien mir erschreckend wenig zu sein, ich rechnete nach, es stimmt. Dabei lesen viele Menschen, auch ich, manche Bücher immer wieder und vermindern damit die lesbare Gesamt-Menge.

Einer der Schriftsteller, deren Bücher ich, zu ungunsten anderer Autoren, immer wieder lese, ist Paustowskij. Und selbst wenn ich gerade kein Buch von ihm lese, ist er mir gegenwärtig als Möglichkeit, mich bei seelischer Ermüdung zu erfrischen. Wie viele Bücher wie vieler Schriftsteller habe ich gelesen, die keine Spur, nicht einmal die einer Tatsachen-Erinnerung, in mir hinterließen. Paustowskij aber war mit dem ersten Lesen des ersten *bei uns* erschienenen Buches sofort und unverrückbar für mich da. Das heißt, es war nicht das allererste seiner in der DDR erschienenen Bücher, das ich las, denn das kam, wie man beim vierzigsten Jubiläum des Aufbau-Verlages erfuhr, schon 1946 heraus. Das Buch hieß »Die Kolchis«, ein frühes Werk, das von der Entsumpfung der tropischen Gegenden nahe Batumi am Schwarzen Meer handelt, die Anfang der dreißiger Jahre geschah. Nach heutigen Erkenntnissen über Natur-Zusammenhänge mag sie gar falsch gewesen sein, damals galt sie als *Sozialistisches Großprojekt*, und Paustowskij hat mit der ihm eigenen Bewunderung für außerordentliche Arbeit und menschliche Selbstverleugnung darüber geschrieben. Das Buch hat den Fehler seiner Entstehungszeit, einen naiven Idealismus, und es beweist, daß es unmöglich ist, gleichzeitig beispielhaft Tatsachen eines Gesellschaftsvorhabens und bewegende Menschengeschichten zu schildern. Das *Thema* vernichtet die Kunst. So ist die »Kolchis«, trotz heißem Bemühen des Autors, kein echter Paustowskij, denn der *echte Paustowskij* ist zwanglos, ist frei, läßt sich vom Leben zwecklos ins Unbekannte verführen. Für mich wie die meisten anderen Leser *bei uns* begann Paustowskij 1958 mit der »Goldenen Rose«, Gedanken zur Arbeit des Schriftstellers, die merkwürdigerweise beim Partei-Verlag Dietz erschienen und von Alfred Kurella übersetzt wurden, der uns Schriftsteller als Kulturpolitiker oft ärgerte mit dogmatischen Forderungen an *die Literatur*, aber zu unserer Freude sowohl Konstantin Paustowskij als auch dem Paustowskij nahestehenden reinen Naturdichter Michail Prischwin eine erstaunlich genaue, lautere deutsche Sprache gab. »Die goldene Rose« brachte Paustowskij Weltruhm, war der Schlüssel, der ihm die Sprachen der Welt und die Welt öffnete. Marlene Dietrich kam nach Moskau und sagte, sie hätte nur einen Wunsch: Paustowskij zu sehen und ihm für »Die goldene Rose« zu danken. Picasso schickte ihm einen Bildband mit Widmung, Albert Schweitzer sein Fotoporträt.

Ende der fünfziger Jahre reiste Paustowskij nach Frankreich, England, Italien. Merkwürdigerweise hatte er, lange ehe er Frankreich sah, Erzählungen geschrieben, die in Frankreich spielten, und die sind so präzise in der Detailschilderung, daß man schwören möchte, so kann nur einer schreiben, der alles aus eigner Anschauung kennt.

Tatsächlich aber verdankte er seine Kenntnisse einer schon in der Kindheit entstandenen Leidenschaft für das Studium von Büchern, Landkarten und Stadtplänen, und er beschränkte sich bei seinen frühen *fremdländischen* Erzählungen deshalb auf wenige charakteristische Details.

Was er wirklich aus eigener Anschauung schilderte, bewies, daß er das sinnliche Gedächtnis der Dichter besaß: Gerüche, Geräusche, Geschmack sind bei ihm lebendig wie Farben und Formen, und er findet so treffende Benennungen für Vorgänge und Erscheinungen, daß man bestürzt ist: genau *das* ist es, genau so muß es gesagt werden – wenn etwa er ein Espenblatt im allerersten Frost beschreibt, sein Erstarren in einer nachts überfrorenen Wasserlache, sein rauhreif-lasiertes Gelb mit schwarzvioletten Flecken ... Mit stockendem Atem liest man die Schilderung eines Herbsttages, an dem eigentlich nichts geschieht ... Aber wenn Paustowskij schildert, wie *nichts* geschieht, wird das Nichts Sensation: ein dörflicher Kater, ein städtischer Hund und ihre katastrophale *Begegnung*, ein unglückbringendes schwarzes Huhn, das auf dem Dach steht und kräht wie ein Hahn, eine alte Spieluhr aus Schottland, die lange verstummt war und plötzlich für einmal zu tönen beginnt, vertrocknete Gräser in staubigen Gläsern und der beim Herbststurm im ächzenden Holzhaus nächtlich sinnende Schriftsteller, der sich vorstellt, wie all die Dinge in den leeren, von Menschen verlassenen Räumen den Winter überstehen werden, nur unterm Blick Garibaldis, dessen in London in Kupfer gestochenes Porträt an der Wand hängt ...

Paustowskij war ein unermüdlicher Reisender, bis zuletzt, seine größten Reisen hat er als schwer asthmakranker Mann gegen Ende seiner sechziger Jahre gemacht, und er hat von all seinen Reisen, auch von den letzten, Schätze heimgebracht, die eigentlich keine sind, die erst entstehn durch seinen verzaubernden Blick. Nicht zufällig hat Paustowskij über den Dänen Andersen geschrieben, er selbst hatte etwas von Andersens Neigung zum Märchen, aber zugleich hatte er den unbestechlichen Tschechowschen Blick. Er hatte auch etwas vom fabulösen russischen Erzähler Alexander Grin, dessen seltsame Meerwelt, dessen fantastische Hafenstädte er liebte, und auch von Stendhal, den er am höchsten von allen Schriftstellern schätzte, vielleicht wegen Stendhals Mutes zum *Ich*, vielleicht wegen seiner Verbindung von Leidenschaft und Vernunft, vielleicht wegen des blinden Glaubens an Liebe ...

Bewunderung, Ehrfurcht, Entzücken für Kunst und Kultur, Leben im Geist und gleichzeitig Leben mit der Natur und dem *Volk*, das vom Menschheitsreichtum der Kunst wenig kennt, wenig weiß, aber Ehrfurcht und andere Werte besitzt, die ihm Würde geben und Weisheit verleihn – Paustowskij hat alles zusammengebracht, die

Großstadt Paris war ihm natürlich wie die Holzhütte des Waldhüters im tiefen Rußland, er war allem gewachsen, für ihn schloß eines das andre nicht aus, nicht der Norden den Süden, nicht der Westen den Osten, er war imstande, die gegensätzlichen Welten zu lieben, aber immer mit dem Bewußtsein, ein Zentrum zu haben. Das war auch das Zentrum Rußlands. Den mittelrussischen Weiten, ihren gedämpfteren Farben, ihrem gemäßigten Klima hat er die größte Liebe bekannt.

1962 kam *bei uns* der erste Teil seines autobiographischen Romans, »Unruhige Jugend«, heraus, 1963 »Die Zeit der großen Erwartungen«, 1966 das »Buch der Wanderungen«. Nur zu gern läßt man sich vom suggestiven Erzähler Paustowskij mit dem Untertitel »Erinnerungen« weismachen, daß alles, was er aufschrieb, »naturreine Wahrheit« sei, in Wirklichkeit hat er aus dem Material seiner Erinnerungen bedachtsam und klug ein Kunstwerk gemacht, und dazu mußte er formen, verdichten, erfinden. Er erzählt in Kreisen, beginnt nicht beim Anfang, sondern an einem dramatischen Punkt seines Lebens: als der sechzehnjährige Gymnasiast zum Vater eilt, der auf einer Dnjepr-Insel im Sterben liegt, und der Dnjepr führt Hochwasser, kein Hinüberkommen scheint möglich ...

Wer sich einmal von diesem Paustowskijschen Kosmos verzaubern ließ, wird sich nach ihm sehnen, wird wieder in ihn eintauchen wollen, weil er sich an Stellen erinnert, deren heilsame Wirkung er wiederzufinden begehrt wie natürliche Quellen. Paustowskij hat, wie alle wirklichen *Schöpfer*, eine Gegenwelt geschaffen zur wirklichen Welt.

In dieser Gegenwelt ist wie in der wirklichen alles erkennbar, beweisbar, belegbar, und doch ist sie das ganz Andere, die geläuterte Welt eines Dichters, der daran festhält, daß das Leben gut ist, die Welt schön, der Mensch zum Höchsten berufen, und diese Dreieinheit ist niemals mit Worten genügend zu rühmen. Vor allem anderen aber steht: Niemand darf den Menschen in seiner Würde verletzen. Dabei hat natürlich auch Paustowskij alles gewußt, was im Laufe der Zeiten und erst recht in unsrem Jahrhundert dem Menschen geschah. Alles scheint darauf hinzudeuten, daß er uns Deutschen niemals vergab. Er hat wohl nur eines Tages beschlossen, uns zu vergessen. Das macht die Liebe zu ihm schmerzlich.

Geboren wurde er am 31. Mai 1892, gestorben ist er am 14. Juli 1968, ist also schon über dreißig Jahre tot.

In jeder Generation eines Volkes gibt es nur ganz wenige Schriftsteller, die von allen geliebt, von allen verehrt werden. Die Liebe zum reinen Prosadichter Paustowskij – der vom Vergangnen so raunte, daß es für immer besteht – war und ist in Rußland wie ein Bund. Sie schafft eine Brüderschaft Gleichgesinnter, die festhalten an Werten wie Güte, Treue und Menschlichkeit, an der leidenschaftlichen Liebe zum Geist und zur Kunst.

Beim Aufbau-Verlag ist außer den drei Erinnerungsbüchern auch der große Erzählungsband »Jenseits des Regenbogens« erschienen, beim Gustav Kiepenhauer Verlag neben einem Band Erinnerungen an Paustowskij die schöne Prosasammlung »Das Nachtigallenreich«, und es gab auch schon Ausgaben der »Nordischen Novelle« und des »Buches vom Wald«, aber in Moskau sind schon vor Jahren *neun Bände* Paustowskij erschienen. *Mich* verlangt zu erfahren, was uns im Deutschen noch fehlt.

Auch ihn hat am meisten das Unbekannte bezaubert, Land hinterm Horizont.

Hinterm Horizont seines Todes liegt für immer leuchtend, in Worte gefaßt, das Land seines Lebens. Wäre die Barriere der Sprache nicht, könnten wir mit Paustowskij noch tiefer ins tiefste Rußland vordringen und unsere Seelen am Tau auf den Gräsern und am Holzruch der Wälder erfrischen.

1989/2005

Nähe

Man sollte keinen Aufsatz *über* einen Dichter wie Georg Maurer, man müßte ein Lied *für* ihn schreiben, ein Dreistrophen-Lied, das seinem »Drei-Strophen-Kalender« gemäß wäre, der mir bis nun das liebste seiner Bücher geblieben ist und dem ich Fortsetzungen wünschte, wenn auch keine direkten, so doch solche anderer, ähnlicher Art ...

Vor zwanzig Jahren war Georg Maurer für mich ein Mensch einer ganz anderen Generation, den ich neugierig und von fern betrachtete, ein *gelehrter* Dichter, vor dem ich größten Respekt hatte, der mir aber viel zu *sicher* schien, um jemals mit ihm ein Gespräch haben zu können. Als ich ihn das erste Mal traf (bei Christa und Gerhard Wolf) habe ich ihn, wie mir heute scheinen will, den ganzen Abend lang unverschämt angestarrt. Inzwischen verstehe ich gut, daß es für ihn eine Anstrengung war, sich gegen diese jugendliche Anmaßung abzuschirmen, daß es für ihn schwer war, mit neuen Leuten zusammenzukommen, daß er sich aber bemühte, sein Unbehagen zu überspielen und »gesellig« zu sein. Inzwischen ist mir, als ob es keinen Alters- und Generationsunterschied mehr zwischen uns gäbe, ich glaube, seine Lebenshaltung zu kennen, seine Euphorien (die überwundenen Verzweiflungen) zu verstehen und seine Existenz, eine reine Wortexistenz, würdigen zu können. Er ist mir ganz nah, obwohl ich ihn nur selten sehe und immer nur flüchtig (außer dem einen Mal, wo wir zur selben Zeit, in einem sehr heißen Sommer, im selben Waldkrankenhaus waren und merkwürdige Spaziergänge miteinander machten, auf denen er mir viel von Schiller redete, zu dem ich eine Beziehung hatte, die ähnlich der Maurer-Beziehung von vor zwanzig Jahren war: Er schien mir sehr *gelehrt* und fern).

Jetzt denke ich mit Wärme an Georg Maurer, oder es geht eine Wärme von ihm aus, die mich so an ihn denken läßt: Das ist auch einer von denen, die die Welt in Worte verwandeln müssen und die den Preis zahlen, der für die Befriedigung dieser Sucht verlangt wird: das Leben, nicht mehr und nicht weniger. Möge das seine aber lang sein und endlich ein Ausgleich von Qualen und Glück!

1971

Septembermorgen

Früh um halb sieben stehe ich vor der Tür unseres Hauses und sehe durch das Geäst eines abgestorbenen Klarapfelbaumes. Mit Hopfen, Knöterich und Waldrebe umpflanzt, soll er eine Laube werden. Hinter dieser künftigen Laube gibt es ein kleines Sonnenblumenfeld, das unser jüngster Sohn bereitet hat. Die Vögel stahlen wieder und wieder die Samen. Er mußte das Saatbett abdecken mit Reisig, später das Feldstück behacken, jäten, häufeln und sprengen. Nun im September stehen die Sonnenblumen vier Meter hoch, eine besondere Sorte, deren Samen ein Försterssohn aus einer anderen Waldeinsamkeit an Erwin Strittmatter sandte. Im August, zu Strittmatters 65. Geburtstag, schickte er mit der Bahn ein Paket, das wie ein flachgebügelter Baßgeigenkasten aussah. Wir rätselten: Waren Stecklinge exotischer Sträucher darin? Der Junge hatte für *seinen* Schriftsteller einen Wetterhahn gebaut, nach alten Modellen, mit der ausgestanzten Jahreszahl 1977 im blechernen Hahnenbauch.

Am Sonnenblumenfeld vorbei sehe ich über den Zaun und die angrenzende Wiese, über den Bach, der die Wiese durchzieht, an Weiden und Erlen, Holundern und wilden Rosen vorbei auf den Weg, der vom Vorwerk ins Dorf führt. Für einen Augenblick kann ich da, unter den großen Birken, die kleine Kolonne der Kinder sehen, die auf Rädern zum Schulbus fährt. Der Reihe vorauf fliegt Gespräch, wie es ziehende Wildgänse führen. Ich höre es Minuten vor dem Moment, in dem ich sie sehe und in dem ich – die Hände unterm wollenen Umschlagetuch – in der Sonne des bereiften Septembermorgens ihre Lust der Erwartung, ihren Tatdrang zum Guten, ihre Freude am Leben wieder verspüre.

Diesen Augenblick, denke ich, müßte ich anhalten, dann könnte ich senden auf der Frequenz von Kindern und schreiben, was ihrer wert ist.

1977

Matewosjans Sprache

Wie Matewosjans Sprache klingt, weiß ich nicht, ich habe niemals Armenisch gehört, gelesen erst recht nicht, und nicht nur, weil ich die Sprache nicht kann, sondern weil sie mit Buchstaben aufgezeichnet wird, die uns ganz fremd sind. Man kann sich aus ihnen nicht, lautierend, Wörter zusammenlesen. Wenn eine fremde Sprache lateinische Buchstaben schreibt, kann man ja immer Wörter stammeln und Klang zu hören versuchen. Hier ist es wie beim Arabischen und Georgischen. Weiter, ins Asiatische, will ich nicht gehen, ich habe chinesische und japanische Schriften gesehen, bei denen die Zeichen rätselhaft wurden, wie verschlüsselte Bilder.

Georgisch habe ich öfter sprechen gehört. Die Sprache klang mir wie gemahlnes Gestein, Geröll, das Hänge hinabstürzt, kaukasisch: Gletscher und Fels. Früher dachte ich manchmal: Warum sprechen nicht alle nur Russisch in dem riesigen Land, das *Union* heißt? Welche Möglichkeit, *einig* zu werden, sich zu verstehen in allem, wenn es für diese vielen Millionen nur eine Sprache noch gäbe! Als ich das Georgische hörte, begann ich zu verstehn, daß Sprache nicht nur Sinn (der Gegenwart) mitteilt, sondern daß es um Klang geht, um uralte Schönheit, die nicht sterben darf, und daß diese besondere Schönheit nur in dieser besonderen Sprache ist, durch nichts zu ersetzen. Das Jahrtausendleben

eines Volkes kann nur bewahrt werden mit seiner Spra-
che.

Von meiner Erfahrung mit dem Georgischen erzähle
ich, weil ich in Armenien nie war, immer nur hinwollte,
doch immer absagen mußte, wenn es so weit war, daß
wir fahren sollten – nach Dilishan etwa, ins Komponi-
stenheim, wo Anna Sehers einst »Das wirkliche Blau«
schrieb … Es zog uns nach Armenien, schon weil wir
wissen wollten, ob das Land auf uns ebenso *anders* wir-
ken würde als das benachbarte Georgien, wie auf die
vielen vor uns, die von ihm sagten und schrieben: Ar-
menien ist anders, Armenien und Georgien sind sehr
voneinander verschieden. Die Sprachen sind sich ganz
fremd. Es soll ja das Georgische in der Welt nur mit
einer Sprache verwandt sein, mit dem Baskischen. Aber
was ist Armenisch? Eine Turksprache? Ich weiß es
nicht. Ich sehe nur im Innentitel von Matewosjans 1969
bei uns erschienenem Buch, »Das Schelmenstück der
Hammeldiebe«, den armenischen Titel: Buchstaben wie
gestickt – aber auch das Georgische scheint mir mit sol-
chen *gestickten* Buchstaben geschrieben zu sein, und
man sagte mir doch: ganz anders, ganz fremd! Wie also
mag das Armenische klingen? Auf deutsch klingt mir
Matewosjan erst vermittelt durchs Russische, aus dem
er nach hier übersetzt wurde – und Wunder: In diesen
Erzählungen klingt der Prosatext, als wäre er Poesie. Es
gibt Passagen von so großer Schönheit, daß einem der
Atem stockt und zu fliegen beginnt. Und man rätselt:
Ist es das Land Armenien, das über zwei Sprachen her-
überscheint mit Gewalt und Zauber Entzücken, sind es

die Menschen, ist es ihr Leben, oder ist es die Sprache des Autors, der raunt wie ein Rhapsode und singt wie ein Sänger, oder ist es nicht er, viel weniger *er*, ist es eine Eiche im Tal, eine Eiche im grün-grünen Tal, ein Bach, der nach Blitz riecht (Ozon), ein Heckenrosenstrauch mit zwei Blüten in Weiß, ein besterntes Fohlen (von Rauhreif besternt schwarzes Fohlen mit einem Bein weiß von Schnee, aus dem Schnee). Und ein rotes Pferd, das verendet im Tal und das Grün im Kreise um sich zerstampft, bis die schwarze Erde hervorbricht. Das orangerote alte Pferd stirbt, als es sein Fohlen rettet vorm Wolf. Sein Skelett zerfällt auf der schwarzen Erde. Nach drei Jahren beginnt von neuem das Grün, Gras und Blumen drängen hervor, Zeit ist vergangen, vergeht, das Leben des Erzählers ist vergangen, vergeht, als er seinem Kind von seiner eigenen Kindheit erzählt; als wäre alles, was war, ein Märchen gewesen, so ist es in Sprache verwandelt, zur Ruhe gewiegt. Aber das Kind will dennoch das Märchen nicht, wie die Wirklichkeit war: der Wolf soll sterben, die Stute soll leben, das Fohlen soll seine Mutter behalten …

Die orangenroten Pferde kamen schon in Matewosjans erstem Buch vor, daß eigentlich »Wir und unsere Berge« hieß, der russische Titel war so, jedenfalls, und so hat er sich mir eingeprägt, denn unter diesem Titel war ein Teil des Buches abgedruckt in der Zeitschrift »Sowjetliteratur«, zwei Jahre bevor das Buch herauskam bei uns. Mit Matewosjan ging es mir damals wie mit einigen anderen Schriftstellern, deren Erzählungen zuerst in der Zeitschrift veröffentlicht wurden: Schukschin

»Die Stiefel«, Below »Sind wir ja gewohnt«, jedesmal hatte man den Namen, den Autor, wie sich dann zeigte, für immer behalten.

Matewosjans Kosmos war von Anfang an da, der Himmel, die Berge, die Täler, das Tal, die Hirten, die Hunde, die Schafe, die Pferde, die Büffel, die Kühe, die Ochsen, die Ziegen, die Hühner, die Schweine, die Wölfe, die Bären. Das Fladenbrot. Weizen. Himbeeren. Nüsse. Kirschbäume. Äpfel. Kartoffeln, Schaschlyk, Milch und Mazun ... Jetzt kommt das Gewürzkraut Rehan dazu (in der Erzählung »Unter klarem Himmel alte Berge«) und der Flug mit dem Flugzeug, das bisher nur Zmakut, das Dorf »In den Wäldern«, überflog – nun fliegt der Erzähler selber mit einer Gruppe junger Poeten (eine Schwedin dabei) über sein Land. Aber er kann sich nicht losreißen von seinem Dorf, das dennoch, trotz Entfernung, Höhe und Flug, trotz Studium, Bücher, Erfolg, trotz Großstadtleben in Jerewan, trotz Freude an Kultur und Zivilisation, noch immer die *Welt* ist. Die schmerzliche Liebe zu seinem Dorf, seinem Tal, seinen Leuten, wird Matewosjan nicht verlassen. Den Gefühlszwiespalt, der ihn fesselt, wird ein geborener Großstädter niemals erfahren.

Sicher gibt es heute auch in Armenien Schriftsteller, die geborene Großstädter sind und deren Bindung an die dörfliche Sippe nur noch lose, nur noch formal ist, sie sind frei, müßten frei sein von der Last, die Matewosjan trägt: Erinnerung an gemeinsame Zeiten mit Menschen, die seinem heutigen Lebens- und Bildungsstand fernstehen und für die er dennoch Verantwortung fühlt; nicht nur als Bewahrer und Erzähler der Vergangenheit, sondern als Anteilnehmender ihres gegenwärtigen Lebens. Ihr Vertrauen zwingt ihn, zu handeln für sie, auch wenn er sich eigentlich, mit Genuß und Freude, auf sein städtisches Schriftstellerleben beschränken möchte. Zmakut, sein Dorf (das in Wirklichkeit Achnidsor heißt und das sein Vorfahr Howhannes Matewosjan vor hundertfünfzig Jahren gründete), besitzt ihn, wie er es besitzt.

Von diesem Doppelbesitz kommt seine Besessenheit. Denn offensichtlich ist er ein Besessener. Ich habe Matewosjan niemals gesehen, aber ich sehe es, wenn ich sein Gesicht auf Fotos studiere: bitterer Intellekt, melancholische Güte, einer, der die Widersprüche des Lebens aushält, sie nicht leugnet, nicht glättet. Wer in seinen Büchern Harmonie sucht, findet sie nur in der Art, mit der widerstrebende Kräfte erzählend ins Spiel gebracht sind. Es geschieht wie in der Musik, wo Töne gleichzeitig, aufeinanderklingend, einander verschlingend, von der Dissonanz zur Harmonie geführt werden und wieder in grellen Kontrast und wieder zur Harmonie.

Wenn man seine Erzählungen sehr aufmerksam liest, vor allem, es wiederholt tut, so wie man eben Musik hört, erkennt man Strukturen, die einem zunächst verborgen bleiben. Eine Erzählung wie »Unter klarem Himmel alte Berge« ist so verschlungen gebaut, so verschmitzt komponiert, daß sie einem beim ersten Lesen wie gar nicht gebaut, wie willkürlich erzählt vorkommt: man hört Stimmen von Berg zu Berg, ein Soldat, ein Hirte, ist heimgekehrt nach dem Krieg, die Herde wird wieder geteilt, Frauen weinen, weil einer heimkam, aber die *Ihren* nie wieder heimkommen werden, eine junge Witwe lästert und schreit, sie wird wiederverheiratet, mit einem, der vorher nicht zu verheiraten war, sie heißt Sofi, der Erzähler, damals ein Kind, hilft dem Hirten, zwei Welpen zu stehlen von einem aserbaidshanischen Herdenzug, der in die armenischen Berge geht zur Frühsommerzeit. Alles scheint zufällig, ohne Bedeutung oder von gleicher Bedeutung, der Tod der Männer, der Hundediebstahl, das Teilen der Herde, das Schreien und Weinen der Frauen, und dann ein Sprung in die Stadt, der Junge geht dort zur Schule, kann aber sein Dorf nicht vergessen, will fliehen, dann ist er erwachsen, Schriftsteller, ist ein ganz anderer Mensch, bereit, sich verführen zu lassen vom Leichten, vom Schönen, vom Verwirrenden auch (wie verwirrend ist diese Schwedin, die so jung ist und weiß nichts vom Krieg) – aber das Dorf holt ihn ein, der Tod holt ihn ein, Generalbaß des Lebens, am Ende sind alle Fäden zusammengeknüpft, alle Linien dem einen Punkt zugeführt, wo Ferne endet und Ferne beginnt (der Punkt nächster Nähe), das Vergangene stirbt in die Zukunft, gegenwärtig sind die aserbaidshanischen Welpen, die als alte Hunde heulend das Grab des Hirten belagern. Und der Erzähler, der fragt: »Mutter, sag, Mutter!«

Lautere Prosa, die Poesie ist. Der hier erzählt wie ein Gott, der Gott seiner Berge. Er will nichts beweisen, will nicht beweisen, daß, was geschieht, gesetzmäßig ist. Er erzählt, was geschieht. Er erzählt: es geschieht. Gewalt und Unheil stehn auf, Natur verneint und bejaht, ineinander verschlungen ist alles, Gesteine, Mensch und Getier, Pflanzen, die sie ernähren, das milde Brot, das die

bittere Erde gibt und das der Mensch dem Menschen ent-
reißt oder opfert. Groß ist der Dichter, der sein Volk mit-
erzählt, wenn er von sich erzählt, und dem alles beiläufig
ist, Geschichte, Kunst und Kultur, Sitte und Glaube.

Matewosjan stellt sich und die Seinen gegen ihren
natürlichen Hintergrund. Klarer Himmel, alte Berge.
Sie werfen große Schatten. Ihre Stimmen tönen Echo –
ernst und dringlich sind die Fragen, die (weittragend
ihre Stimmen) bis zu uns herüberrufen.

> Hat es Sinn
> Wo gehst du hin
> Woher kommst du
> Wessen bist du
> Bist du, der du warst, geblieben
> Hat man von dir wahr geschrieben

Aber, was Wahrheit, erzählt, ist, wissen wir nicht. Wir
waren nicht in Armenien. Und fühlen dennoch: Mate-
wosjan, der ist wahr (wenn er nicht lügt, um zu lügen
und es uns merken zu lassen). Daß er wahr ist, fühlen
wir, weil er uns zwingt, ihn zu lieben. Ihn und sein Volk.
Ihn und sein Land. Mit einer schweren uralten Liebe.
Und dem Gefühl des Verlusts, weil wir die Sprache
nicht kennen, ihren Klang niemals hörten.

Und wieder nehmen wir uns vor, in die Berge zu ge-
hen, das grüne Tal zu suchen, Zmakut in Lüften und das
irdische Achnidsor.

1988

Ein haltbarer Kuchen für Anna

Wegen Annas verzwickter Denkweise und meiner Unfähigkeit, *vernünftig* zu reagieren, bin ich im Stande der Schuld ihr gegenüber, nämlich so:

Vor ein paar Jahren lag Anna Seghers nach Lungenentzündung und Beinbruch im Krankenhaus, und es ging ihr schlecht, so schlecht, daß Erwin Strittmatter sich weigerte, seinen 65. Geburtstag zu feiern (auch unser Freund Hermann Kant war nach Operation, sehr leidend, in der Klinik). Damals schrieb Strittmatter ihr, er wisse aus Erfahrung, daß man sich am besten aus einer schlimmen Situation helfe, wenn man zu arbeiten beginne, und ob Anna nicht versuchen wolle, auf Tonband zu sprechen – was sie bisher, wie sie ihm erzählt habe, nicht getan hätte –, er hätte es nach seinem Knöchelbruch 1966 erprobt, hätte Hemmungen und Schwierigkeiten überwunden, die beim Umstellen vom Schreiben aufs Sprechen entstünden, und sich schließlich so dran gewöhnt, daß er dabei geblieben wäre. Wenn Anna es versuchen wolle, würde er ihr gern, zum Probieren, eines seiner Taschen-Diktiergeräte in die Klinik bringen.

Darauf schrieb Anna – nein, diktieren wolle sie nicht, »aber wenn ihr was tun wollt, kann mir die Eva vielleicht einen guten, haltbaren Kuchen backen, ich habe Wunderdinge von ihr als Köchin gehört …«

Der Kuchen hatte ja nun wirklich nichts mit dem Diktieren oder Schreiben zu tun, außerdem bin ich nicht allzu erfreut, wenn man mich für eine Köchin hält, aber das wäre alles noch angegangen, wenn ich gewußt hätte, wie ich den Kuchen backen sollte, überhaupt einen Kuchen und erst recht einen, der gut genug wäre für Anna. Ich habe niemals gebacken, gekocht ja, Kochen war notwendig, Kuchen war *überdrauf* und wurde gekauft.

Rätseln und Raten begannen. Sollte ich schreiben: Anna, ich kann gar nicht backen!? Sollte ich meine Nachbarin bitten und Anna den Kuchen schicken als Werk und Gabe von mir? Sollte ich unseren Freund S., den pensionierten Staatssekretär, einen vorzüglichen Laienkonditor und -bäcker, drum angehn? (Er hätte mit Stolz und Vergnügen für Anna gebacken!) Sollte ich einen *Englischen Früchtekuchen* kaufen, der in Neuruppin, meiner Heimatstadt, hergestellt wird und also ein wenig wäre wie von mir selbst? (Vorschlag von Strittmatter.) Sollte ich das Backen erlernen, nach Rezeptbuch, mich *einüben* für den *Familienbetrieb* und dann, wenn ich *perfekt* wäre, für Anna den »haltbaren Kuchen« herstellen?

Zeit ging drüber hin, mir war andres im Sinn, ich bin sicher, ich schrieb, da ich mich für eine Schriftstellerin halte, aber zwischendrein gabs Gewissensstiche: Der einzig ehrenhafte Weg, um Anna zu antworten, wäre, ich müßte das Backen erlernen ... Stimmen drangen zu uns, Anna hätte gefragt: »Ob die Strittmatters was gegen mich haben? Sie schicken mir keinen Kuchen ...«

So häuft man im Leben, durch Unterlassung, Schuld auf Schuld, läuft mit zerbissnem Gewissen umher – mal wollte ich Anna, zum Ersatz für den Kuchen, etwas Besonderes, *Eigenes* schicken: Pilze, in unseren Wäldern gesucht, unterm Dach unsres Hauses getrocknet. Aber Strittmatter sagte: »Anna wird argwöhnen, es könnten giftige drin sein, außerdem war nicht von Pilzen die Rede, sie wollte einen haltbaren Kuchen …«

Das schlepp ich noch immer mit mir, und wieder faßt mich der Vorsatz (nicht ich fasse ihn, ich ganz gewiß nicht), das Backen zu lernen, unbedingt, bis zu Annas Geburtstag, und wenn dieses Bekenntnis der Schuld erscheint vor der *Welt* und vor allem vor Anna, der Schuld ledig zu sein und den Kuchen gebacken zu haben.

Aber, mag sein, ich schick ihr am Ende, anstelle des haltbaren Kuchens, doch ein, vielleicht nicht grad haltbares, aber mir natürlicheres Gedicht. Nur so. Zum Gruß und zum Dank, denn Anna Seghers hat mich einmal, vor Jahren und Jahren, als ich es grade sehr nötig hatte (obwohl sie nichts ahnen konnte von meinen Nöten und Zweifeln) ermutigt, und zwar – daß das klar sei – nicht zum Backen und Kochen, sondern beim Schreiben.

1980

Pathetischer Scherz

Über Tadeusz Różewicz

In einem anderen Sommer in einem anderen Land lernte ich Tadeusz Różewicz kennen. Bei diesen internationalen Poesietagen waren viele Dichter. Man war acht Tage zusammen, aber von manchem wußte man noch gegen Ende dieser Zeit nicht, aus welchem Land er war und wie er hieß. Es gab exotische Gestalten. Idealische Jünglinge, Typ zwanzigstes Jahrhundert, solche, die wie Genies aussahen. Es gab laute Leute, geschäftige Leute, die ihre Verse bei jeder Gelegenheit deklamierten, solche, die sangen, andere, die tranken.

Tadeusz Różewicz fiel mir in diesem südlichen Land durch seine weiße Seglermütze und durch seine Zurückhaltung und Freundlichkeit auf. Er hatte ein so wohlwollendes Lächeln! Weiter fiel mir auf, daß ihn jüngere Dichter aus sehr verschiedenen Ländern, wenn nicht schüchtern, so doch ehrerbietig um Autogramme baten oder fragten, ob sie ihm *ihre* Bücher widmen dürften. Erst gegen Ende dieser *Poetenreise* erfuhr ich den Namen des freundlichen Mannes. Und war bestürzt: So hatte ich mir den Dichter jener Verse nicht vorgestellt, die ich in dem Band »Gesichter und Masken« gelesen hatte. Das Buch hatte mich mit der Macht wirklicher Poesie ergriffen, und über das Schicksal seines Autors hatte ich oft nachgedacht: Wie kann heute die Haltung eines Mannes sein, der eine so furchtbare Jugend, Tod und Haß überlebt hat? Wie ist sein Verhältnis zu den Menschen und erst recht zu den Deutschen? Ist er bitter? Ich stellte ihn mir als hageren, strengen Mann vor.

In jenem Land hatten wir noch ein paar Gespräche, tauschten unsere Adressen und fuhren heim. Ich schrieb ein Gedicht, das ich ihm widmete, aber, aus Respekt vor Różewicz, lange nicht veröffentlicht habe.

Wir korrespondierten über dies und das, über die Arbeit natürlich, erzählten uns, wie wir lebten, wohin wir reisten. Ich las sein Prosabuch »In der schönsten Stadt der Welt« mit der auf dem Nullpunkt handelnden Geschichte des jungen Mannes, der nach dem Krieg, gegen und für all das, was er vom Menschen weiß, eine neue Philosophie sucht. Ich las den Kurzroman »Der Tod in der alten Dekoration«. Wieder und wieder las ich seine Gedichte. Wir trafen uns in Berlin, wir trafen uns in Warschau, Różewicz war immer freundlich, immer hatte er sein so wohlwollendes Lächeln. Aber dieses Lächeln ist nur der Ausgleich für die Schärfe seines Blicks. Er kennt alle Denk-Klischees, alle Verhaltens-Klischees, alle Lügen der Konvention, man kann nicht *Konversation* mit ihm machen. Höflichkeiten, die Phrasen sind, sind mit ihm unmöglich. Man kann schweigen, aber man darf nicht lügen. Er hat Gedichte geschrieben, die für mich zu den schönsten in der Poesie unserer Zeit gehören. Das Gedicht von den alten Frauen. Das Gedicht über die Eindeutigkeit der Sprache. Gedichte, die ausdrücken, was Menschen in der Mitte dieses Jahrhunderts denken und fühlen, und deren Ausdruck diesen Gedanken und Gefühlen genau angemessen ist. Lakonisch. Schmucklos.

Ohne die Stimme zu heben, schreit er. Er schreit um den Menschen.

Später lernte ich seine Stücke kennen, über die ich gelesen, von denen ich oft gehört hatte. Da ich nicht Polnisch verstehe, mußte ich lang auf sie warten, so lange, bis bei uns die Übersetzungen von acht seiner Dramen erschienen waren. Wie bei allen Arbeiten von R., die ich bis dahin gelesen hatte, war die Lektüre der Stücke ein Schock. Ein Schlag. Tagelang ging ich wie im Fieber umher und hatte Mühe, mich zu erheben.

Picasso hat irgendwann gesagt, er male seine Bilder nicht als Wandschmuck. Różewicz' Stücke sind nicht zur *Unterhaltung* gemacht. Etwas wird in uns aufgerissen, und das schmerzt. Man möchte schreien: So sind *wir* nicht. So sind *die Menschen* nicht. Natürlich: So nicht. Denn das ist Kunst und nicht photographierte Wirklichkeit. Das ist ganz gegenwärtig und geht doch gleichnishaft über uns hinaus. Wenn *das* in einen eingedrungen ist, muß man sich stellen – bekennen oder lügen. An den rücksichtslosen Fragen von Różewicz kommt man nicht vorbei. Dieser Mann mit dem so wohlwollenden Lächeln ist einer der strengen Moralisten unserer Zeit. Er lebt schwer, lebt aber ein *ganz normales Leben* – »wie im 19. Jahrhundert«, sagt er lächelnd – mit seiner Familie in Wrocław. Gelegentlich reist er, flüchtet aus seiner im Lärm liegenden Stadtwohnung in eine Stille, um zu arbeiten. Vor großen Reisen schreckt er zurück. (Man lädt ihn in fernste Weltgegenden ein, denn er wird überall gedruckt und gespielt.) Seine weitesten Reisen gingen noch bis vor wenigen Jahren nach Italien, Frankreich und England.

Die Italienerfahrungen wurden auch für Różewicz zum literarischen Fundus.

Er nutzt ihn anders als andere. Mit negativem Vorzeichen, gewissermaßen. In dem Stück »Laokoongruppe«, das er eine *Skulptur in Marmelade* nennt, macht er sich über Bildungsklischees und Lebensleere polnischer Intelligencia her – mit einer Erbarmungslosigkeit, einem Geist, einem schwarzen Humor, dem sich in unserer Literatur kaum etwas vergleichen läßt. Różewicz schätzt dieses Stück weniger, weil er, seiner Meinung nach, zu viele Konzessionen an die Konventionen des Theaters gemacht hat, aber *ich* würde es gern auf unseren Bühnen sehen. Es müßte sich glänzend spielen lassen, und es müßte uns, wie nach Maß gemacht, passen.

Auch der »Tod in der alten Dekoration« ist ganz *italienisch*, die Geschichte »In der Diplomatischen Vertretung« spielt ebenfalls in der bei Różewicz *sogenannten ewigen Stadt* – aber auch Paris ist in seiner Literatur, die »Schönste Stadt der Welt«, Titel-Erzählung des »Spektrum«-Bandes, das ist Paris.

Die Geschichte, die Różewicz erzählt, vernichtet das Klischee der Überschrift. So ist es immer, so ist R. immer, er ist einer von denen, denen man nachsagt: sie können nicht anders.

1975 ist er, zur Aufführung seines jüngsten Stückes, »Weiße Hochzeit«, nach Amerika gereist. Eine Einladung dorthin hatte er seit langem. Aber er hatte keine Lust, die hundert Worte Englisch zu lernen, zu denen man ihm als Grundbedingung riet. Sein Sohn, der Anglist, hatte sich erboten, mit ihm zu trainieren. Jahrelang wurde es verschoben, nun ist R. doch gereist, um sich *das* anzusehen, und ich möchte ihn gesehen haben, wie er, wohlwollend lächelnd, den berühmten Straßen, Plätzen und Weltwundern maßnahm. Von seinem England-Besuch, bei dem er kein Wort der nötigen Sprache sprach, hat er mir seltsame Sachen erzählt ...

Geboren wurde Różewicz 1921 in Radomsko, einer Provinzstadt bei Łódz, sein Vater war Angestellter. R. absolvierte das Gymnasium, nahm als Mitglied der Landesarmee am Partisanenkampf teil, nach dem Krieg studierte er Kunstgeschichte.

In dem frühen Gedicht »Aus dem Lebenslauf« schreibt er:

Geburtsjahr
Geburtsort
Radomsko 1921

so
auf dieser Seite
aus dem Schulheft meines Sohnes
findet mein Lebenslauf Platz
ein wenig Raum bleibt noch
einige weiße Flecken bleiben
nur zwei Sätze habe ich getilgt
aber einen hinzugefügt
ein paar Worte dazuschreiben
werde ich nach einiger Zeit

fragst du nach wichtigeren
Ereignissen und Daten

aus meinem Leben
frag die andern danach

mein Lebenslauf hat schon
mehrmals aufgehört
einmal besser einmal schlechter

Aber in dem Gedicht »Gerettet« heißt es:

Ich bin vierundzwanzig
und entkam
als ich zum Schlachten geführt ward.

Das sind leere und eindeutige Namen:
Mensch und Tier
Liebe und Haß
Freund und Feind
Schatten und Licht.

Menschen werden erschlagen wie Tiere
denn ich sah:
Fuhren zerhackter Menschen
die keiner jemals erlöst.

Begriffe sind nur Worte:
Tugend und Frevel
Wahrheit und Lüge
Schönheit und Häßlichkeit
Tapferkeit Feigheit.

Gleichviel wiegen Tugend und Frevel
ich sah:
den Menschen der zugleich
frevelnd und tugendhaft war.

Frage der Fragen für Różewicz: Wie kann die Stellung des Menschen, nach dem Ungeheuerlichen, das mit ihm und durch ihn geschah, und in welchem Wertsystem kann sie wieder befestigt werden? Wenn der *Gottglaube* verloren ist, wenn die in *Gottes Namen* erlassenen Gebote unwirksam waren, das *Du sollst nicht töten* millionenfach verhöhnt – welches Gesetz kann den Menschen vor dem endgültigen Sturz in die Vernichtung bewahren? Różewicz glaubt nicht an einen mechanischen Fortschritt, an eine automatische Weiter- und Höherentwicklung. Er fürchtet, daß Wiederholungen *nicht* unmöglich sind.

Thomas Mann hat 1949 in Weimar von seiner Hoffnung gesprochen, »daß gerade aus den Leiden und Nöten dieser Übergangszeit ein neues menschliches Solidaritätsgefühl, ein neuer Humanismus hervorgehen könnte und sollte, ein neues, tiefes, ja religiös getöntes Gefühl für das Hoch-Schwierige, Einmalige und Außerordentliche der Stellung des Menschen im All ...«

Sergej Obraszow hat es in der Einleitung seines großen Dokumentarfilms lakonisch gesagt: »Ein Mensch ist nicht weniger als zwei Menschen.«

Różewicz wirft sich mit seinem ganzen Werk der Entwertung des Menschen entgegen, die in einem kollektiven Unterbewußtsein schwärt und in Abgründen lauert, die mit willigen, billigen Worten gewöhnlich bedeckt sind. So entwirft er seine Poetik.

Nicht allein lassen mit ihrer Leere dürfen wir die Leute. Wir müssen den Menschen wieder sehen, in ihn hineinsehen lernen, von Grund auf müssen wir ihn und unsere Bindungen neu suchen und bestimmen. Różewicz ist nicht ohne Anfechtungen. Die selbstgegebenen Gesetze muß er gegen sich, gegen seine Zweifel und Verzweiflungen verteidigen:

Nicht an die Nachkommen
es hat doch keinen Sinn
vielleicht werden sie Ungeheuer sein
die hohe Kommission
warnt die Staaten
Throne und Kanzleien
ausdrücklich
es würden hirnlose
Ungeheuer kommen

also nicht an die Nachkommen
sondern an die
die sich soeben
vermehren
mit geschlossenen Augen

nicht an die Nachkommen
richte ich meine Worte

Ich spreche die Politiker an
die mich nicht lesen
die Bischöfe
die mich nicht lesen
die Generäle
die mich nicht lesen
die sogenannten »einfachen Leute«
die mich nicht lesen

ich spreche alle an
die mich nicht lesen
nicht hören nicht kennen
nicht brauchen

Sie brauchen mich nicht
ich aber

Dieser abgebrochene Satz, dieses »ich aber …« ist für mich ein Heldengedicht. Es umfaßt Różewicz' Wissen um Abgründe, seine Illusionslosigkeit, sein Bedürfnis nach Bindung, seine Verteidigung *des durchschnittlichen Menschen*, um dessen würdiges, vernünftiges Dasein es ihm geht.

Ob in seiner Lyrik, seiner Prosa, seinen Stücken: Różewicz analysiert mit Radikalität die Zeit-Verhältnisse – die zeitlichen Verhältnisse des *Ewigen*, das es für ihn nicht gibt. Tröstliche Lügen lehnt er ab. *Er* will mit der Wahrheit leben, und er nimmt sich das Recht, *seine* Wahrheit, ohne Rücksicht auf Kunst- oder Lebenskonventionen, auszusprechen. Sein Werk ist schon umfangreich. Fünfzehn Gedichtbände, ein Dutzend Stücke, mehrere Bände Erzählungen, Essays. Gewiß hat es im Weltbewußtsein vieler Menschen an vielen Orten etwas bewirkt:

Meine Lyrik

übersetzt nichts
erklärt nichts
verzichtet auf nichts
umfängt nicht das Ganze
erfüllt keine Hoffnung

schafft keine neuen Spielregeln
nimmt an keinem Vergnügen teil
sie hat einen bestimmten Platz
den sie ausfüllen muß

wenn sie kein Rätsel ist
wenn sie keine Originalität hat
wenn sie nicht Erstaunen erzeugt
dann muß es so sein offenbar

sie gehorcht eigner Notwendigkeit
eigenen Möglichkeiten
und Schranken
sie unterliegt sich selbst

braucht nicht den Platz einer andern
und kann von keiner andern ersetzt werden
offen für alle
geheimnislos

sie hat viele Aufgaben
die sie nie erfüllt.

1976

Bella Chagall

Zuerst kannte ich *sie* von *seinen* Bildern, und das erste Bild von ihm, das ich sah, war das mit dem Schimmel, der zwei Rosen auf der Brust hat, und auf diesem Schimmel reitet das *Paar*, gleich wird es auffliegen, der Schimmel hat die Geige unterm Kinn, in die Musik hineinspringen wird aus dem roten und grünen Himmel, um ihr wieder zu entspringen; unaufhörlich wird sie, einmal aufgebrochen, rinnen und rinnen. Die Braut mit den rosa Brüsten, *sie*. Und die Braut mit den grünen Handschuhen, die mit dem schwarzen Kleid und dem Spitzenkragen in Weiß, natürlich *sie*, Bella. 1909 gemalt in Witebsk, da war sie grad fünfzehn Jahre alt.

Ich hatte das gewaltige Buch von Franz Mayer, dem Schwiegersohn und Biographen Chagalls, aus der Akademiebibliothek entliehen, gelesen, es eine Weile neben mir gehabt, die Bilder auswendig gelernt, dann hatte ich es, von einem Messe-Rücklaß, in italienischer Übersetzung, kaufen können, seine Fakten und Legenden kannte ich ja, aber ich besaß nun das photographische Werkregister und die vielen Farbreproduktionen der berühmtesten Bilder. In dem Buch waren auch ein paar Privataufnahmen von Chagall und Bella Anfang der zwanziger Jahre in Paris, auch Ida, das Kind, dabei, in einem romanhaften Atelier mit orientalischen Teppichen, Kannen; ganz Stil, ganz Dekor, so wie ich bei meinen Malerfreunden nie ein Atelier gesehen hatte und wie es auch sehr kontrastierte zu den Lebensschilderungen Franz Mayers: Armut, Hunger, Tag und Nacht Arbeit – aber als *Bella* kam nach Paris, mag vielleicht etwas vom Wohlstand der Rosenfelds aus Witebsk mit ihr zu Chagall gekommen sein.

Mayer erzählte die Geschichte von Marc und Bella wirklich wie eine Legende, daß es der Schwiegersohn war, so bürgerlich, der sie erzählte, machte sie ein klein wenig komisch, vielleicht, aber sie war wirklich so schön, und an nichts glauben wir so gern und, glücklicherweise, so unbeschadet, wie an Liebeslegenden.

Marc hatte Bella kennengelernt, als er 1909 wieder in Witebsk war, er war schon ein akademisch anstudierter Maler, hatte aber gerade seine Kenntnisse von dem, was in der *Kunst* sein *muß*, hinter sich geworfen und begonnen zu malen und zu machen, was *er* mußte. Das war seltsam genug, verrückt genug, wild genug, alle *normalen* topographischen und perspektivischen Beziehungen löste er auf, mengte Dinge und Menschen untereinander, ineinander, aber man sagt, jedenfalls heute, befriedigt: *so* ist es *schön* (nicht: so ist es).

1915 Heirat von Bella Rosenfeld und Marc Chagall, sie hat die Schule glänzend absolviert, die Universitätsprüfungen in Moskau bestanden, aber sie geht mit ihm nach Paris. Zur Zeit der Revolution und danach sind sie wieder in Witebsk. Chagall ist aktiv bei der *Kulturrevolution*, engagiert, er malt ein verrücktes, wunderbares Bild zum Jahrestag der Revolution, eine rote Fahne, trunkene Leute und ein Mann, der einhändig auf einem

Tisch steht, kopfunter, clownesk, und der doch *sehr* wie Lenin aussieht ... Freude, Freude. – Aber das konnte natürlich nicht gut gehn.

Und seine Maler-Kollegen, jene, die später berühmt wurden an den Gerüsten des Konstruktivismus, stufen Chagall in Witebsk auf das Billigste ein, niedrigster Rang als Maler, niedrigste Stufe von Geld, von Essen ... Mehrere Jahre lang Versuche mit Bühnenbildern, mit Schulunterricht, schließlich wieder Paris. Aller Wandel, alle Wege waren für ihn, scheint es, nicht schrecklich. Die Konstante, die sicher auch Heimat bedeutete, war Bella.

Neunundzwanzig Jahre lang. Als sie 1944 in Amerika stirbt, verstummt Chagall, denn sein Malen war doch wie Singen, ein ununterbrochener Gesang aus der Kindheit her, der Jugend her, den Kühen, den Hähnen, den Engeln nach, und den Vätern zu, die aus ihren jüdischen Augen auf ihn, den Sohn in der Ferne, sehn ... Es dauert fast ein Jahr, eh er sich wieder erhebt.

1939, in Frankreich noch, hatte Bella begonnen, in jiddischer Sprache von ihrer Kindheit in Witebsk zu schreiben. Im Vorspruch sagt sie: »Für dich, mein Freund ...« In Amerika, 1944, kurz vor ihrem Tod, beendet sie die Fortsetzung »Brennende Lichter«. Wieder jiddisch, wieder Witebsk. Wieder »für dich, mein Geliebter«.

Schon in Mayers Buch hatte ich von Bellas Büchern gelesen und hatte mir ein anderes Bild zu machen gesucht von jener Frau, die so oft gemalt worden und wie eine

Ikone der Liebe, der Verheißung, des Glaubens, des Traums vom möglichen Glück auf uns gekommen war, aber nicht als Mensch. Keine Eigenbewegung, kein Eigenleben, Spiegel und Spiegelung von und für Marc Chagall.

Nun also Bella Chagall. Ganz nah an ihm, an ihn gelehnt, aber doch so von ihm abgekehrt, daß sie sehen, daß ihr Blick zurückgehen kann in die *Ferne*, und das ist jene Zeit, als *er* für sie noch nicht war.

Ein kleines Mädchen zuerst, siebentes Kind, jüngstes Kind jüdischer Eltern in Witebsk, der Stadt in Belorußland, die *wir* des öfteren durchfahren, aber nie gesehen haben denn auf gemalten Bildern, Chagalls Stadt. Nun Bella Rosenfelds Stadt. Eine russische Stadt, Winter wie für immer, so eine Kälte, so ein Eis, so ein Schnee, die Frühlingsfluten der Dwina zur Zeit der Schneeschmelze, die weiße Brücke, auf der das Kind die Elemente Mensch und Wasser erlebt – die Massen, die am verzweifelten Kampf der Flößer ihr Fest finden –, der feine und grobe Ablauf der Zeit. Morgen und Abend, Tag, Nacht, Sabbat und Alltag, das Donnerstag-Dampfbad mit der Mutter, der Freitagabend, der Familie und fremde Soldaten versammelt. »Jüdische Kinder ehrbarer Eltern« gehen als Gäste zu Tisch. Der jenseitsfromme Vater in Weiß, der sich im Gebet wie ein Weidenbaum wiegt, und die diesseitsfromme Mutter, die Gold und Uhren handelt, den feinen und groben Ablauf der Zeit wiegt, wägt und verkauft …

Chagall hat Bellas Erzählungen mit Zeichnungen versehen, seine berühmt willkürlichen Linien und Punkte daran gesetzt: das Kind im Bad, das Mädchen unterm Sturze des Frühlings, die dörflichen Sommer mit der Zuflucht im Fluß unterm grünen Gewitter – winzige Pferdeschlitten, den Familienauszug zur Datscha mit der am Wagen angebundenen roten Kuh – die Eisbahn, den Uhrmacher, die Festtafel zum Versöhnungsfest, die Synagoge, den Thora-Schrein – Vater, Mutter, die Freundin Thea, Bella, Bella, sich selbst, als Faun, als bocksäugigen Bedränger des Mädchens, das nicht wußte, wie ihm geschah, als *er* auftauchte, der mit den grünen Augen, den *zu vielen* Zähnen, den wüsten Locken, der die ehrbare Tochter, die sittsame Schwester der Rosenfelds hypnotisierte, ein *Künstler*, o Unglück! – Er hat auch einen Pferdekopf mit einem Kummet gezeichnet, einen Kopf mit einem Auge, und dieses große Auge in dem natürlich völlig verzeichneten Kopf sieht dich an.

Ja, aber in den Geschichten von Bella ist mehr, als in den Zeichnungen von Marc sein kann ... Er hat uns in den Illustrationen und in so vielen seiner Bilder Bilder von diesem jüdischen *Schtetl* im russischen Witebsk der Jahrhundertwende gemacht – aber wie Bella erzählt, fühlen wir, schmecken wir, hören, riechen wir, es wandelt uns an, Zeit kommt, geht, Seufzer, Tränen, Systeme gegen die Sinnlosigkeit, das Nichts, gewaltiger Ritus, der auf der Sieben aufbaut, die Zäsuren der Woche, Sabbat, alles und jedes an seinem Platz, Speise, Trank,

Licht, welch ein Halt, welch eine Bindung aneinander und an den, der gedacht wird, an Gott.

Dieses Buch macht mich trauern.

Es ist nicht, wie ich erwartet hatte, ein Buch, das seine Berechtigung aus dem Namen Chagall nimmt, das die Neugier befriedigt, die es gereizt hat. In diesem Mädchen war doch etwas, es war nicht geboren, nur um gemalt zu werden und um ein einzelnes Kind zu gebären, das einen Mann heiraten würde mit dem deutschen Namen Franz Mayer, der ein gewissenhafter Kommentator und Verwalter von Werk und Leben des grünäugigen Fauns werden sollte, der diesem Mädchen und dieser Frau Bella allgegenwärtig ist, er und sie, sie und er, gekoppelt, verknüpft, gefesselt, einander entsprungen.

Sie hat gesehen, sie hat gedacht, sie hat gewußt. Sie hatte ihre eigenen Bilder, nicht von ihm entliehene, sie hatte *Sprache*. Und wenn sie überhaupt sehen konnte, denken konnte, wissen konnte, so hat sie viel mehr gesehen, gewußt, als sie aufgeschrieben, als sie hinterlassen hat. Welch ein Verlust!

Vielleicht war nicht genug Kraft in ihr, vielleicht war zuviel Trägheit in ihr, vielleicht auch zuviel Liebe, ein Mangel an Egoismus, an Härte, der sie gehindert hat, sich neben ihn zu stellen, nicht in seine hypnotischen Augen zu sehen, nicht ihn zu spiegeln und von ihm gespiegelt zu werden. *Ihr* Weltverhältnis ging über ihn, vermittelt durch ihn. Es kann aber keiner in der Kunst leben durch so eine Vermittlung. Nur wessen Weltverhältnis direkt ist – er und die Welt, das ganz und gar andere, Harte, Herausfordernde sich gegenüber, ohne Milderung, ohne Versöhnung, ohne Schonung, wer es wagt, diesem anderen seine Herausforderung, seine Bilder, seine Sätze, seine Urteile entgegenzuschleudern, kann den Zufall unterwerfen, kann ihn bemeistern, daß er Gesetz wird. So wie *er*, Marc Chagall, es getan hat. Kein Kunstgesetz kann bescheinigen, daß das, was er gemacht hat, sein muß. Es muß nur sein, weil er es gemacht hat.

Etwas von dieser Verwandlung ins Gesetzliche läßt sich ahnen in dem Buch von Bella Chagall. Eine wachsende Zweckfreiheit – sie vergißt ihren Satz: »Für dich, mein Geliebter, du hast mich gebeten darum« – man spürt, wie es sie hinreißt, Rausch der Bilder, der Worte, Beschwörung des Schweigens – Verschweigen, Vergessen, daß es *ihn* gibt. Da ist nur sie, *Bella*, die spricht. Die nicht um Liebe wirbt, die nicht schön sein will, nicht geworden sein will, was sie geworden ist, die Frau von Marc Chagall, Teil einer Legende. Und nun, dank ihren Aufzeichnungen, etwas mehr, eine reine, wenn auch ein wenig unsichere Stimme, ein Zwiegesang von Gras und Grillen, eine verlorene Heimat, ein Grab voller Möglichkeiten.

1976

Wassili Belows Erzählung
»Sind wir ja gewohnt«

Der Mann, von dem erzählt wird, heißt Iwan Afrikano-
witsch, am Anfang lacht man über ihn: ein Fremder, ein
Bauer, ein wenig betrunken, der an einem Winterabend
mit seinem Pferd spricht und sich rechtfertigt vor ihm,
weil das Pferd es besser weiß.

Am Ende weint man über ihn, Iwan Afrikanowitsch:
kein Fremder mehr, unser Bruder.

Das ist eine Geschichte von Leuten in einem nord-
russischen Dorf, die nicht wissen, wie sie leben sollen.
Nicht, daß es ihnen an Philosophie, an Glauben, an Be-
wußtsein, an Moral fehlte. Es fehlt ihnen an Existenz-
mitteln. Zwar haben sie ein Haus, einen Garten, eine
Kuh, aber die Kuh braucht Futter, und niemand weiß,
woher das Futter kommen soll. Man kann es nur steh-
len, das heißt, nicht direkt stehlen, man kann, in einer
zweiten Schicht, nachts im Wald um Büsche und Sträu-
cher herum Gras mähen, es trocknen, schobern, und
wenn man Glück hat, kann man es heimholen, heimlich,
weil es verboten ist, obwohl dieses Waldgras sonst nicht
gemäht werden würde. Man bekommt auch vom
Kolchos Heu, für Arbeitseinheiten, man mäht Gras im
eigenen Garten, aber das reicht nicht, um die Kuh über
den Winter zu bringen, und die Kuh muß über den Win-
ter gebracht werden, weil Iwan Afrikanowitsch, der
einst in erster Ehe mit einem Weib in kalter Liebe lebte,

nun seit zehn Jahren mit seiner Katarina in heißer Liebe lebt, und diese *Gewissenlosen* haben, als die Geschichte beginnt, neun (»oder acht? oder doch neun?«) Kinder zusammengeliebt. (»Sind wir ja gewohnt«.)

Die Kuh Hornie, von Katarinas Mutter (jener unentbehrlichen Alten, ohne die das Herdfeuer verlöschen würde) großgezogen, die Kuh Hornie ist die Hauptperson der Familie, solange Hornie da ist und Milch gibt, kann das Leben zwar hart sein, aber nicht elend. Am Ende wird die Kuh geschlachtet, weil der Grasdiebstahl von einem dieser dummen Kinder, die schon mithelfen müssen beim nächtlichen Mähen und Schobern, verplaudert worden ist, aus Eifer und Stolz. Iwan Afrikanowitsch fällt in Schande und begibt sich auf Glücks- und Geldsuche in die Ferne (»Für immer!«) – nach einer Woche kehrt er, beraubt und reuig, zurück. Aber Katarina, an der alles hängenbleibt, zwei Schichten im Stall, Grasmahd für die Kuh auf den Wiesen des Kolchos – einen langen Tag lang erlaubt –, Katarina, erschöpft von Geburten und Arbeit, stirbt ihm »am Herzen« in dieser Zeit.

Die Kinder bleiben, die Alte bleibt, Iwan Afrikanowitsch bleibt, der Garten, der Himmel, Fluß, Wald, Sonne, Morgen und Abend. Iwan Afrikanowitsch, betäubt von Trauer, geht um ein Haar in den weglosen Wäldern zugrunde, als er auszieht um einen Baum für ein Boot, das er zu bauen gedenkt – dieser Iwan Afrikanowitsch kann alles, doch lassen sich seine Talente nicht in Existenzmittel verwandeln, niemand bezahlt sie, aber ein wenig Fischen hilft der Familie, das Leben zu fristen – er entkommt dem Tod und weiß fortan, was Leben ist. »Leben ist Leben.« Solange man lebt, muß man leben, leben ist herrlich, ein Wunder. (»Sind wir ja gewohnt.«)

In der antiken Tragödie waren es Götter, gegen die sich Menschen vergingen, gegen die sie angingen, weil Götter Schicksal verhängten. In der modernen Tragödie gibt es keine Götter, die Schicksal verhängen, keine Menschen, die angehen gegen das Schicksal, kein Unmaß, kein Übermaß an Schuld und Verstrickung, Himmel und Erde erbeben nicht, Iwan Afrikanowitsch stirbt die Frau, den Kindern die Mutter, es wird weitergelebt. »Sind wir ja gewohnt«. Ist jemand Schuld und woran?

In künftigen Zeiten, wenn man zu lesen versteht, wird dieses Stück Poesie (Poesie pur) Folianten über Ökonomie und Soziologie beiläufig ersetzen.

1977

Poesiefest in M.

I

Daß Puschkin *sehr groß* war, wußte ich schon, bevor ich das erste Mal zu den *Puschkin-Poesietagen* fuhr. Daß Puschkin *sehr klein* war, erfuhr ich im Puschkinmuseum im früheren Zarskoje Selo. Ein freundlicher Kollege demonstrierte mir Puschkins Körpergröße: »Er war *noch* kleiner als ich.« (Ich glaube, ein Meter achtundfünfzig.)

Es ist ja seltsam, daß einem die Museumsleute immer die genaue Größe *ihrer* Genies angeben müssen.

Tolstois Größe kann man an einer Krücke ermessen, die er nach seinem Pferdsturz und Beinbruch benutzte, nach diesem traurigen Ereignis, das Tolstoi allerhand zu denken gab. In Jalta habe ich Tschechows langen Ledermantel betrachtet, erstens weil mir der schwarze Ledermantel gefiel, der selbst einem sehr großen Mann bis zu den Knöcheln reichen mußte, zweitens weil mir Tschechow sehr gefällt und drittens weil dieser Mantel die berühmte Reise nach Sachalin mit Tschechow gemacht hat, die Stürze aus dem Wagen, die Flußüberquerungen; und vielleicht hat Tschechow ihn bei seinen Forschungen in der Katorga getragen.

Die Geschichte dieser Reise und die Briefe von unterwegs hatten mich schon immer interessiert, deshalb war mir dieser Mantel interessant. Ich staunte über Tschechows »Größe«, über die ich, lange nachdem ich Tschechows Geschichten und Stücke kennengelernt hatte, zufällig irgendwo las. Vorher hatte ich mir Tschechow höchstens mittelgroß vorgestellt. Goethes Größe kann man in Weimar an seinem Original-Staatsfrack absehen, und im Goethehaus hat man Scholochow bei seinem Besuch gesagt, daß *ihm* dieser Frack passen würde. Wenn es keine Schmeichelei war, so war Goethe, der zu seiner Zeit als über mittelgroß galt, für unsere Zeit eher klein, denn zu den größeren Menschen zählt Scholochow sicher nicht. So vermindert und relativiert sich *Größe.*

Puschkin war also klein, krausköpfig, hatte *Negerlippen,* wie er es nannte, war von »interessanter Häßlichkeit«, wie Zeitgenossen bezeugen. Er trug Frack und, je nachdem, Stiefel oder Stiefeletten, er wurde – zu seiner Wut – von seinem persönlichen Zensor, dem Zaren, zum Kammerjunker ernannt, als er schon ein berühmter Dichter war, er war Gutsbesitzer, adlig. Urenkel des Mohren Hannibal, den Peter I. aufgezogen hatte, er war ein Kind-Genie, überdies ein scharfer Intellektueller, Zögling von Zarskoje Selo, dem exklusivsten Schulinstitut der Zeit, und Zögling der Amme Arina Rodionowna. Dieser kleine Mann war ein großer und auch ein galanter Liebhaber mit allerhand Abenteuern und schließlich der Ehemann der *ersten Moskauer Schönheit* Natalja Nikolajewna Gontscharowa, die »so schön war, daß, wenn sie am Stickrahmen beim Fenster saß, die Leute stehenblieben, um sie zu bewundern«, wie die Erklärerin im Leningrader Puschkinhaus sagte. Sie sagte auch: »Das war Natalja Nikolajewna lästig.« Aber warum setzte sie sich dann ans Fenster? »Sie war sehr kurzsichtig« – was bekanntlich, wenn man keine Brille trägt, einen irritierenden Blick ergibt. Diese schöne Natalja regt auch heute noch die Leute auf, spaltet sie in Parteien. War sie an allem schuld? An Puschkins Tod im Duell, das ihres guten Rufes wegen stattfand? Oder hätte man auch eine andere Intrige erfinden können, um den immer schärfer sehenden und schreibenden Dichter zu töten?

Die *Größe*, die in Zentimetern messbar ist, relativiert sich, wie gesagt, da die Durchschnittsgröße der Menschen in hundertfünfzig Jahren beträchtlich gewachsen ist. Aber wie ist es mit dem, was diesen Mann wirklich interessant macht oder was allein Anlaß ist, sich für alle Details seiner Biographie zu interessieren? (Man fährt durch Leningrad, und die Erklärerin sagt: »In diesem Hause sah Puschkin Anna Kern zum ersten Mal.«

Und jeder weiß, daß Anna Kern gemeint ist in dem Gedicht, das mit den russischen Worten »Ja pomnju …«, »Ich erinnere mich …« beginnt.

Ja, wie ist es mit dem, was ihn wirklich interessant und aufregend macht, diesen widersprüchlichen, blendenden Menschen? Wie ist es mit der literarischen Durchschnittsgröße? Ist sie in hundertfünfzig Jahren so gewachsen, daß die Größe *dieses* Dichters relativiert wird, daß er, gegen die heutigen Genies gehalten, eher klein ist? Wenn man dieses Werk nimmt, das in zwanzig Jahren entstand – Puschkin wurde nur siebenunddreißig –, scheint es keinen *Fortschritt* in der Kunst zu geben.

Puschkin hat, nach kürzester Zeit, die hohe Pose der Dichtung, die der Mythologie entlehnten Begriffe, die vorgeprägten Bilder aufgegeben und in einer Sprache geschrieben, die so natürlich ist wie die Elemente Wasser Luft Feuer Erde und Brot. Er hat das Gefüge der Gesellschaft mit seinen verschiedenen Handlungsebenen, mit seinen Überschneidungs- und Kollisionspunkten durchschaut, und er hat es nachgebaut und die Puppen in seinem Theater tanzen lassen. Er hat nah beim Zarenhofe gelebt und wollte diese Welt sosehr verlassen in den letzten Jahren seines Lebens, er hat Natalja zu überzeugen versucht, daß sie mit ihm und den Kindern aufs Land gehen soll, nach Michailowskoje, auf das geerbte Gut, an jenen Platz, an dem er als junger Mann in der Verbannung gelebt und so vieles erfahren und so wunderbare Dinge geschrieben hatte, aber Natalja mußte »zu Balle gehen« beim Zaren – man lese nur Puschkins Tagebücher aus dieser Zeit.

Er hat in der Residenz gewohnt, und er war seiner Erziehung und seinen Bedürfnissen nach sicher ein *Barin*, aber er hatte von der berühmten Amme Arina, deren Porträt man den Gästen der Poesietage schenkt und die von allen auch heute noch geliebt wird, in frühester Kindheit etwas Unvergängliches zugeraunt bekommen, etwas Unzerstörbares, was kontrapunktisch zu seinem Gesellschaftsleben in ihm wirkte und mit den Jahren immer mächtiger wurde und schon seine Dichtung zu beherrschen begann.

Viele seiner Anhänger, die sich für den jungen Puschkin, den Puschkin des »Gefangenen im Kaukasus«, begeistert hatten, verließen ihn, waren abgestoßen von seinen *Dorfthemen* und von der Schärfe, mit der er die Gesellschaft zu porträtieren und zu karikieren begann.

Puschkin ist eins der Phänomene in der Kunst, die man mit zigtausenden Seiten Erklärungen in Wahrheit nicht erklärt, wenn man auch alle Bedingungen ihrer Existenz und alle Umstände ihrer Biographie rekonstruiert. Dieser Mann hat etwas in sich synthetisiert, was eigentlich nicht zu synthetisieren ist (was aber dennoch gelegentlich synthetisiert wird). Er hat schärfsten Verstand und genauestes Gefühl zu einer Einfachheit der Anschauung gebracht und eine solche Sinnfälligkeit erreicht, daß die Menschen und Dinge, die er auswählte und hinstellte, wieder aussahen wie natürliche Dinge und Menschen, nicht wie künstlich, wie künstlerisch gemachte. Es war, als erzählte oder sänge das Leben selbst.

Nur so ist die Wirkung zu erklären, die Puschkin bis heute hat. Das *Erheben zum Nationaldichter* würde gar nichts bewirken, die vielen Denkmäler würden nur machen, daß man ihn nicht mehr sieht, das Auswendiglernen seiner Gedichte in den Schulen würde die Gefühle eher abkühlen als befeuern, wenn da nicht die Worte wären, die Menschen auch heute noch benutzen können, um sich auszudrücken, Worte, die ihre elementarsten Empfindungen besser fassen, genauer, schöner als andere, die später entstanden.

In jedem Leben gibt es glückliche Fügungen. Auch in meinem Leben gab es sie. (Natürlich wirken da Kräfte, Gesetze, Menschen; aber weil man sie nicht ohne Bemühung erkennt, sagt man eben Fügung.) 1968 im Mai war irgend jemand in unserem Schriftstellerverband auf den Gedanken gekommen, mich zu den Poesietagen, die jedes Jahr zu Puschkins Geburtstag veranstaltet werden, zu schicken. Sie sind, nach dem Krieg, von Jahr zu Jahr an Beteiligten zunehmend, gewissermaßen von selbst entstanden. Um den 6. Juni herum, an dem ihm am nächsten liegenden Sonntag, findet in Michailowskoje im Gebiet Pskow auf *Puschkins Wiese* die Hauptveranstaltung dieser Festtage statt. 1967 waren zum ersten Mal ausländische Gäste, Teilnehmer einer Internationalen Russisch-Übersetzer-Konferenz, dabei. 1968 hatte man Dichter aus anderen Ländern eingeladen, aus fünfundzwanzig Ländern waren sie gekommen und trugen auf der Wiese und an vielen anderen Orten und bei vielen anderen Gelegenheiten ihre Gedichte vor, die während der von Moskau nach Leningrad und von Leningrad nach Moskau gehenden *Poetenreise* von russischen Freunden nachgedichtet und als Ergänzung zum fremdsprachigen Original rezitiert wurden.

Glückliche Fügung: das bedeutete für mich eine Fülle von Erfahrungen: Erkenntnis und Gefühl.

Die Gründe gehen weit zurück. Fast zwanzig Jahre zuvor hatte ich – von wem und wie weiß ich nicht mehr, aber ich sehe das Buch, eine Ausgabe des SMA-Verlages, noch deutlich vor mir – einen Band Puschkin zu lesen bekommen. In einer Neujahrsnacht, als ich allein und, wie mir schien mit Grund, verzweifelt war, las ich »Eugen Onegin«. Völlig voraussetzungslos las ich ihn, ich wußte kaum etwas über Puschkin, wenig von russischer Literatur, in meiner Studienrichtung hatte sie nicht gelegen, an der Schule war sie nicht gelehrt worden – bei dieser Lektüre nun geschah etwas schwer zu Beschreibendes: mir war, als bekäme ich unentwegt Schläge, elektrische Schläge, Stromstöße, vielleicht auch Schläge mit dem Knüttel, oder es packte mich jemand, würgte mich, nähme mir den Atem, um mir im nächsten Moment die Hand von der Kehle, den Druck von der Brust zu nehmen und einen Sturz von Licht und Luft in mich zu schleudern.

Ich weiß noch genau, daß dieser Vorgang, der sich ja logischerweise im Gehirn abgespielt haben mußte, körperliche Sensationen hervorrief, daß »mein Eingeweide brannte«. Eine Freude, wie ich sie bis dahin nicht gekannt hatte, schüttelte mich: ich war dem *Absoluten* begegnet, und ich wußte es: das war das *Absolute* in der Kunst. Eine unverlierbare Erfahrung, ein Lebensgewinn; von diesem Augenblick an war vieles in *meinem* Leben umgewertet, und ich, die geglaubt hatte, einsam und verzweifelt zu sein, wußte plötzlich, daß das Unsinn, Einbildung war, in dieser Nacht war ich glücklich.

Seitdem hatte ich alles von und über Puschkin gelesen, was ich bekommen konnte, aber ich hatte bis zu diesem Jahre 1968, meines Wissens, nie darüber gesprochen oder geschrieben. Desto seltsamer war mir, daß man mich, die gerade erst mit zwei umfangreicheren Zeitschriftenveröffentlichungen von Gedichten hervorgekommen war, zu den Poesietagen schickte. (Schließlich gab es genug andere Lyriker.) Glückliche Fügung …

Aber diese glückliche Fügung brachte mir Stunden, die zu den schlimmsten und schmerzlichsten meines Lebens gehören.

Das war meine sechste Reise in die Sowjetunion, doch ich war vorher nie in Mittelrußland gewesen, hatte nie diese Fahrt von Moskau nach Norden gemacht, die klassische Tour, die gegenläufige zu Radistschews Reise von Petersburg nach Moskau, die auch Puschkin einst gemacht und beschrieben hatte. Aber nun machte ich sie und kam nach Nowgorod und Pskow, ich fuhr in unwirklichen Frühjuninächten über das Waldaigebirge und immer nach Norden auf das weiße Licht zu, und alles in mir war auf Märchen und Wunder gestimmt, und die großen Zauber, sie konnten kommen …

Aber Nowgorod kam und das *eine* Haus, das unzerstört blieb im Krieg, und im Nowgoroder Kreml sah ich nicht nur die Ikonensammlung, die nur noch Teile der alten Sammlungen enthält, weil die meisten Ikonen vernichtet oder verschleppt sind, ich sah auch einen Film, der den Kreml 1944 und 1945 zeigt, und ich saß da unter Menschen aus fünfundzwanzig Ländern, die alle nur empört sein durften und im übrigen voll Bewunderung für die unvorstellbare Leistung, die die Rekonstruktion dieser Gebäude und Anlagen bedeutet. Aber ich fühlte mich plötzlich als Deutsche und so, als sähen alle mich an.

Und wir kamen nach Pskow, und wir fuhren das Petschora-Höhlenkloster besichtigen, und wir hatten eine junge Fremdenführerin im Autobus, die mit Routine in ihr Mikrophon sprach und die Sehenswürdigkeiten der Stadt erklärte und erklärte, wo Lenin gewohnt hatte, und so erklärte sie auch in einem Dorf unweit Pskow: »Und hier – sehen Sie bitte rechts – war die deutsche Kommandantur, und dort – sehen Sie bitte links – hat man die Gefangenen erschossen, hier haben sie alle Gefangenen erschossen.« Und sie, das waren wir Deutsche.

Und in Michailowskoje und in Trigorskoje, den ehemaligen Gütern, die mit Puschkin zu tun haben und Museen sind, war es schon selbstverständlich, daß alles zerstört gewesen war, und so blieb es diesen ganzen langen Weg nach Norden hinauf und an allen Orten, an allen Orten, und wie es in Leningrad war, braucht man niemandem zu sagen.

Diese Erfahrung muß man gemacht haben, wenn man deutsch schreibt.

Natürlich versuchten meine russischen Freunde mir zuzureden: »Du, eine Frau, und damals ein Kind!«

Aber der Mensch lebt und denkt in einem Koordinatensystem und versucht seinen Platz in der Welt zu orten.

»Der blasse Himmel über dem bescheidenen Pskower Land« – so oder ähnlich hat sich Paustowskij ausgedrückt, und er hat so schön über die Haine von Michailowskoje und über die Enkelin der uralt gewordenen Anna Kern und über das Lied der Zigeuner an Puschkins Grab beim Kirchlein auf den früher Heiligen Bergen, die jetzt nach *ihm* genannt werden, geschrieben.

Ein heimatliches Land für mich. Die Wiesen und Wälder, das Relief dieser Landschaft, ihre verschiedenen Perspektiven, von den verschiedenen Hügeln gesehen, das war mir sehr ähnlich der Landschaft, in der ich lebe.

Und dann war ja Wechsel vom Mai zum Juni, und da der Frühling hier später kommt als bei uns, geht er auch später, und es blühte der Flieder. Puschkins Haus war von Fliedersträuchern umwachsen – so war es auch *damals* –, und es gelang mir, trotz der vielen Menschen, die *Stille* zu fühlen, die hier um ihn war, und es gelang mir, die Landschaft winterlich zu verwandeln und die Sorotwiesen bleich und den Himmel lastend und dunkel von Schnee und die lähmende Zeit der Einsamkeit, der Verbannung, auf ihm zu sehen und dann den endlichen Morgen im Licht.

»Frost. Und Sonne …«, beginnt eines seiner schönsten Gedichte, von den Russen am meisten geliebt, und auch ich liebe dieses Gedicht so sehr, und ich gestehe: es lebt als ein Muster in mir, nicht als ein *Vorbild*, dem man sich angleichen will; als ein Wertmaß, gegen das man sich hält.

Diese Landschaft gesehen, gefühlt zu haben, dort gegangen zu sein: glückliche Fügung. Und seltsamster Augenblick: Ich habe *ihn* dort gesehen. Merkwürdig genug, denn ich bin ein nüchterner Mensch. Aber all diese Tage lang wurden die Sinne durch Orte, Bilder und Worte auf ihn gezogen; und so habe ich ihn an der Fliederhecke, die den Garten von der zur Sorot hin abfallenden Wiese trennt, entlanggehen sehen. Spöttisch lächelnd und ein klein wenig eitel: die vielen Leute, und nur wegen ihm!

Das war der noch junge Puschkin; später, nachdem der Tenor Koslowski vom Bolschoi-Theater in der kleinen Kirche neben dem Grab Puschkin-Lieder gesungen hatte, sah ich den alten (der ja nach Jahren nie alt werden konnte), sah ich die Kopie des Bildes, das im Leningrader Puschkinhaus hängt, auf dem er so aussieht, wie er sich im letzten Jahr seines Lebens beschrieb: »Ich bin so voll Galle …«

Das war, als er das Gedicht »Das Denkmal« schrieb, in dem er seinen Platz bestimmte und seine Zukunft, die Jahrhundertezukunft seines Werkes, voraussah.

Ja, nun waren sie alle gekommen: Dichter aus so vielen Ländern und Menschen aus allen Republiken seines Landes (das damals keine Republiken, sondern nur Herrschaftsbereiche kannte), achtzigtausend waren gekommen, und der kalmückische Dichter David Kugultynow war dabei, und Puschkins Worte, kühle und heiße Worte, federnde Worte, springende Worte, arbeiteten in allen, die da gekommen waren, manchmal brachen sie aus einem hervor, wurden hörbar, das war selten, aber der unhörbare Strom *seiner* Worte ging verbindend durch alle.

2

Magische Wirkung von Worten? Magische Wirkung des Menschen? Geht der Mensch in seinen Worten auf, bleibt kein Rest?

Man sucht Spuren, Wege, ein Bild, das authentisch ist. Man liest Briefe, Tagebücher. Sie ergeben eine andere Art Lebensgeschichte als die von Biographen verfaßte. Nicht, daß die Biographen Unwahres über Lebensstationen, Eindrücke und Einflüsse erzählten. Aber Puschkins Äußerungen sind weniger glatt, sind widersprüchlich. Manchmal kommen einem Zweifel, ob man in die Lebenshintergründe des Werkes eindringen soll. Zahlt man nicht mit einem Verlust an Hochstimmung, an Glauben, an Identifikationsmöglichkeit, wenn man außer dem Gedicht an Anna Kern auch noch die Geschichte ihrer Beziehung zu Puschkin aus seinen Briefen kennt?

Sechs Jahre nach ihrer ersten Begegnung im grauen Haus von Olenin in Petersburg, wo der zwanzigjährige Puschkin sein Poem »Ruslan und Ludmila« vortrug, schreibt er an einen Freund in Husarenmanier über Madame Kern, die junge Frau des alten Generals. Weiß er noch, daß sie der *Genius reiner Schönheit* war? Flüchtig können Empfindungen sein, aus denen dauerhafte Gedichte entstehen. Die Worte schweben, das Gefühl ist abgestürzt und zerschellt ...

Vielleicht hat Puschkin nur einen Tag *wirklich* an seine Empfindung geglaubt? Aber wie viele Menschen haben sich an die Möglichkeit dieses Gefühls gehalten, wie viele werden sich noch, um leben zu können, an jenes Gefühl lehnen, das er im Augenblick der Begegnung mit Anna Kern ergriffen oder das ihn ergriffen hat? Was Bedeutung behält, ist die Intensität der Empfindung und die Wahrhaftigkeit ihres Ausdrucks.

Nicht Dauer, Stärke des Gefühls ist Grundlage des Gedichts. Fähigkeit zum Gefühl, zur Besessenheit von Leid, Liebe, Leben macht vielleicht den Dichter ... Daß er nicht lau, nicht wohltemperiert ist und daß er im Zustand der Ergriffenheit, der Besessenheit, gesteigert sieht, daß alle seine Sinne aufgerissen sind und in sich hineinreißen, was an Leben um ihn ist, damit er es in Worten zurückschleudern kann als Sieg über die Wirklichkeit.

Aber wie werden diese Worte gemacht, wie fügen die

sich zum Gedicht? Auch hier Widerspruch, ohne den es, wie es scheint, keine Dichtung gibt.

In der Vorrede zu seiner »Reise nach Erzerum« sagt Puschkin: Es schien mir immer lächerlich, die Inspiration zu suchen. Sie muß von selbst kommen.

In seinen Briefen beklagt er gelegentlich die Abhängigkeit von der Inspiration. Er tut es mit Selbstironie, denn er wollte die Tätigkeit des Schriftstellers anerkannt und auch ökonomisch gesichert sehen.

In Deutschland war Goethe der erste, der sagte: »In meinem Beruf als Schriftsteller ...« In Rußland erklärte Puschkin die Arbeit des Schriftstellers zum bürgerlichen Beruf. Er verachtete die Literatur als Liebhaberei von Adligen oder als Werk von Fürstengünstlingen, denen man Ehrengeschenke machte zum Dank für ihre Poesien. Er sagte: Ich kann nur aus Inspiration schreiben, aber das fertige Gedicht ist eine Ware, die ich verkaufe. Zur Inspiration trat die Arbeit hinzu.

Puschkin war einer der großen Arbeiter in der Poesie. Er hat seine Bemühungen bis zu dem Punkt geführt, wo ihre Spuren aus den Werken verschwanden, wo keinerlei Anstrengung mehr zu sehen ist, wo es scheint, als wäre die Form nicht herbeigezwungen durch Arbeit, sondern herbeigeflogen, den Worten eingeboren und als Geschenk zum Dichter gekommen. Für »Eugen Onegin«, sein Riesengedicht, das er mit Recht einen Roman in Versen nennt und an dem er acht Jahre schreibt, erfindet er sich eine vierzehnzeilige Strophe. Die Zeilen reimt er nach einem kompliziert in sich verschränkten System, und das einmal fixierte System wendet er den ganzen Roman hindurch mit einer Reinheit an, die ein Wunder scheint und in Wahrheit von unermüdlicher Mühe spricht.

Man kann dem fertigen Gedicht, dem gedruckten Text, die Vollendung absehen, aber man sieht sie erst, wenn man es oft genug gelesen hat, es genau genug kennt und sich für die Technik zu interessieren beginnt, mit der es »gemacht« ist. Nicht daß es einem auffiele, weil man das Gerüst hervortreten sähe …

Wenn man in den Puschkin-Museen in Moskau, Zarskoje Selo, Michailowskoje, Leningrad die Originale oder Kopien seiner Handschriften betrachtet, begreift man, wie Meisterschaft erreicht wird. Man wünscht sich ein Buch, in dem Puschkins Manuskripte reproduziert sind, als Erinnerung, was poetische Arbeit ist.

Es gibt Manuskriptseiten, die zu zwei Dritteln gelöscht sind, es gibt Varianten um Variante. Passagen, die zehnmal verworfen wurden, und beim elftenmal ist er vielleicht auf die ursprüngliche Fassung zurückgegangen. Er hat alle Möglichkeiten, die der Gedanke und seine Sprachwirklichkeit boten, durchgespielt, bevor sein Verantwortungsgefühl befriedigt war und er sich für ein Wort oder einen Satz entschied.

Und doch liegt über diesem Werk ein solcher Glanz, eine solche Heiterkeit und Leichtigkeit, daß man sich gewaltsam erinnern muß, wie er gearbeitet hat, man vergißt es beim Lesen, man sieht ihn unwillkürlich als Liebling des Lebens, als Liebling der Götter. So wie er auf seinen frühen Porträts erscheint. Immer bleibt ein wenig von dem Bild, das Repin gemalt hat: der fünfzehnjährige Puschkin trägt in der Aula des Lyzeums sein Gedicht »Erinnerungen in Zarskoje Selo« vor, das Wunderkind, vom greisen Dershawin als künftiger Fürst der Dichter erkannt.

Wir heute halten es für unmöglich, daß ein Zwanzigjähriger ein Meisterwerk schreibt. Puschkin hat als fünfzehnjähriger Lyzeumsschüler veröffentlicht, wurde anerkanntes Mitglied der literarischen Gesellschaft »Arsamas« in Petersburg, war mit zwanzig ein in ganz Rußland berühmter Dichter, als er sein Märchenpoem »Ruslan und Ludmila« veröffentlichte, das er mit siebzehn, im Lyzeum, zu schreiben begonnen hatte. Er war *auch* bekannt als Verfasser des gegen den Zaren gerichteten, illegal verbreiteten »Weihnachtsmärchens« und als Erfinder frecher Epigramme. Und er wurde, als er einundzwanzig war, vom Zaren aus Petersburg verbannt und zum Staatsdienst in den Süden versetzt.

Er kommt nach Jekaterinoslaw, später nach Kischinjow in Moldawien, über das er schreibt: »Verfluchtes Städtchen Kischinjow ...« Wegen Krankheit darf er in die Bäder des Kaukasus fahren. Acht Jahre später wird er sie noch einmal betreten, während seiner Reise nach Erzerum, als er dem russischen Heer folgt, das gegen die Türken kämpft. Er wird sich mit Wehmut seiner Jugend erinnern – zu meiner Zeit war hier alles ganz anders ... Jetzt, Anfang der zwanziger Jahre, kommt er nach Odessa, dient unter dem Grafen Woronzow und liebt dessen Frau, der Graf sorgt dafür, daß er als Atheist verschrien und aus dem Dienst entlassen wird. Er wird verbannt nach Michailowskoje in Mittelrußland, auf das Gut seiner Eltern. Im Süden, in Kischinjow, beginnt er 1823 »Eugen Onegin« zu schreiben, und seine Sehnsucht nach dem Norden, nach Petersburg, nach den Freunden geht in den Roman ein und bildet ein lyrisches Filigran, das den Kern der Fabel umspinnt ...

Die Kapitel des »Onegin« erscheinen, wie sie beendet werden, in Einzelheften. Im ersten Kapitel wendet er sich noch an den *geneigten* Leser seines Märchenpoems »Ruslan und Ludmila« und bittet ihn um Wohlwollen auch für seinen neuen Helden. Einige Jahre später, in der Mitte des Romans, setzt er sich schon mit den Kritikern auseinander, die gegen »Onegin« polemisieren, die seine Dichtung für flach, für trivial erklären, die behaupten, ihr fehle das große Thema ... Man betrachtet Puschkin als Verfasser seichter Unterhaltungsliteratur.

In diesen Jahren, in denen er an »Onegin« schreibt, geschehen viele Dinge mit ihm und um ihn herum.

Der Dekabristenaufstand in Petersburg 1825, die Beteiligung seiner nächsten Freunde an diesem Aufstand, deren Hinrichtung oder Deportation nach Sibirien – Puschkin schickt den Verbannten ein »Sendschreiben« nach –, Bespitzelung, Polizeiaufsicht, der Verdacht, daß sogar sein Vater sich dazu hergegeben hat, ihn in Michailowskoje zu überwachen, seine Post und seinen Umgang zu kontrollieren, Zerwürfnis mit dem Vater, dramatische Szenen, zurückgenommene Bitte um Überführung in eine Festung, Gefühl der Ohnmacht gegenüber den Verhältnissen, die er, ein Mensch mit übermächtigem Lebensdrang, beherrschen will und nicht beherrschen kann, Kampf gegen Resignation, gegen Vereinsamung, Rückkehr nach Moskau nach sechsjähriger Verbannung aus den Hauptstädten, der Versuch, ein Weltbild zu entwerfen, zu dem die Welt paßt. Deutsche Philosophie, deutsche Klassik, Engagement für eine Zeitschrift, Bemühen um Unabhängigkeit, geistige und ökonomische. Und immer wieder – noch immer ist er ja ein sehr junger Mensch für unsere Begriffe – Ausbrüche von Lebensgier, Verstrickungen in Leidenschaften, in Verhältnisse, gefesselt und auf der Flucht. 1829, dreißigjährig, bewirbt er sich um Natalja Nikolajewna Gontscharowa. Er wird abgelehnt und reist in den Süden, um seinen Freund aus der Krim-Verbannungszeit, den Dichter-Offizier Rajewski, zu treffen. Er folgt dem russischen Heer über den Kaukasus, ohne die Erlaubnis des Zaren einzuholen, der sich zu seinem Mentor und Zensor aufgeworfen hat, und reist auf der georgischen Heerstraße – auf der heute Touristen reisen – am Kasbek vorbei nach Tbilissi; er reist im Konvoi, mit einer *Gelegenheit*, wie man sagt: zweimal in der Woche fährt der Postwagen, von Soldaten mit Kanonen eskortiert, ein Troß von Ochsenkarren, Pferdewagen, Kutschen und Reitern zieht über das Gebirge auf der Hut vor den »wilden« Bergvölkern, den Tscherkessen, die die Gesetze des Russischen Reiches nicht anerkennen, sondern nach ihren Gesetzen verfahren.

Er durchquert Armenien, trifft unterwegs den Karren mit der Leiche des Dichters Gribojedew, den er in den Petersburger Jahren kannte und der in Persien als russischer Gesandter ermordet wurde und dessen Leiche nun nach Norden transportiert wird …

Er erreicht das kämpfende Heer, nimmt als Beobachter an den Schlachten teil, geht lässig mit seinem Leben um, das von der nichterwiderten Leidenschaft entwertet ist.

Während dieser Reise schreibt er ein paar kleine Liebesgedichte, die zu den größten nicht nur seines Werkes, sondern der Weltliteratur gehören. Sanfte Gedichte gehen aus wilden Tagen und Nächten hervor.

Er sieht, er notiert, später veröffentlicht er die Aufzeichnungen über seine Reise nach Erzerum, die einzige große Reise seines Lebens, und da war Krieg, und er flüchtete schließlich vor der Pest und vor der Quarantäne, die er ein Jahr später, im letzten Herbst vor seiner Heirat mit Natalja Nikolajewna Gontscharowa, zu der er endlich das Einverständnis ihrer Familie bekommen hat, doch noch erleben sollte. Um seine Vermögensverhältnisse zu klären oder einfacher, um Geld zu beschaffen, war er auf eins der väterlichen Güter ins Gouvernement Nishni-Nowgorod gereist. In Mittelrußland brach die Cholera aus, er konnte nicht nach Moskau zurück, und daraus wurde der berühmte *Herbst von Boldino*. In wenigen Wochen schrieb er, neben anderen Dingen, die »Erzählungen Belkins«, beendete er »Eugen Onegin«, dessen Buchausgabe, acht Kapitel und die Reise Onegins, 1833 erscheint. Rausch oder Panik? War er sich seines Glücks, seines künftigen Lebens nicht sicher?

In der »Reise nach Erzerum« schreibt er: »Von Kindheit an träumte ich am liebsten vom Reisen, doch noch niemals war ich aus den Grenzen des riesigen Rußland ausgebrochen.« Dieser kriegerische Ausbruch war sein einziger, er bekam nie einen Paß, um das Land zu verlassen.

Ungeheuerlich. Aber vielleicht auch bedenkenswert, wie viel Welt er trotzdem erfaßt hat.

Wir sind ein bißchen gejagt von der Angst, alles sehen zu müssen, um ein einzelnes verstehen und in Beziehung zum Ganzen setzen zu können. Ein Mann wie Puschkin hat im Detail das Ganze gesehen und in einem Winkel die Welt.

Sein *Weltbild* beruhte auf geistiger Anstrengung. Er kannte nicht nur seit seiner Jugend die große Literatur von der Antike bis zu seiner Zeit, er las auch alles Bedeutende, was in der Welt erschien, Zeitschriften wie Bücher, Philosophie, Politik, Ökonomie wie schöne Literatur, und er las es zum großen Teil in den Originalsprachen, er las Italienisch und Französisch, und das Englische hatte er während der Verbannung in Michailowskoje gelernt, um Shakespeare im Original lesen zu können.

»Boris Godunow«, sein erstes Theaterstück, geht unmittelbar auf die Bekanntschaft mit Shakespeare zurück. Er durchbrach die französischen Traditionen, verwarf deren Gesetze der Einheit von Zeit, Ort und Handlung, an die sich selbst Fonwisin in seinem »Landjunker«, jenem ersten großen satirischen Stück der russischen Literatur, noch gehalten hatte. Als Puschkin aus der Verbannung nach Moskau zurückkehrte, sprach er Englisch. Er hatte es aus Büchern gelernt, und es gab keine phonetische Anleitung in ihnen. Er sprach das

Englische, wie er es las. Man amüsierte sich über ihn. Das war ihm, dem Ehrempfindlichen, eine Kränkung.

Wie wir alle wollte er mit der Welt in Harmonie leben. Wir können seine Versuche rekonstruieren, ein harmonisches Verhältnis zur Gesellschaft und zur Macht herzustellen. Als er nach der Verbannung – in Begleitung eines Feldjägers – nach Moskau zurückkam, wurde er zum Zaren befohlen. Der neue Zar war gnädig. Puschkin, der müde war und leben wollte wie alle, das heißt, wie alle Leute seiner Gesellschaftsschicht, verteidigte seine Freunde und seine Freiheitsideale, aber er versuchte *auch*, dem Zaren guten Willen zu glauben, versuchte es als Auszeichnung zu betrachten, daß der Zar sein persönlicher Zensor werden wollte ... Immer hat er mit der Zensur zu tun gehabt. Unter seinen Briefen fanden sich Entwürfe über Entwürfe: An die Zensurbehörde, an den Zaren, an den Polizeiminister Graf Benckendorff. Immer wieder geriet sein Harmoniebedürfnis in Widerstreit mit seiner Kunst.

Nach seiner Heirat übersiedelte er nach Petersburg, schon um den Nachstellungen der Familie Gontscharow zu entgehen und um seine junge Frau von den Einflüssen ihrer Mutter zu lösen. Dafür muß er zwei ledige Schwestern der Frau in seinen Haushalt aufnehmen. Nun muß er sich *etablieren*. Der Zar setzt ihm ein Jahresgehalt aus und öffnet ihm die Staatsarchive. Puschkin hat sich seit seiner frühesten Jugend, seit Erscheinen von Karamsins »Geschichte des russischen Staates« und seiner Bekanntschaft mit deren Verfasser, für die

Vergangenheit seines Vaterlandes interessiert. Er will den historischen Vorgängen auf den Grund kommen, um sie auf literarische Möglichkeiten hin abzuhorchen. Schon im »Boris Godunow« hatte er einen geschichtlichen Vorgang behandelt und ihn auf seine Weise, das heißt menschlich, interpretiert.

Peter I. ist ihm die fesselndste Gestalt, schon weil er in enger Beziehung zu Puschkins Familiengeschichte steht. Schließlich war es Peter, dem man den jungen Abessinierfürsten, der im Harem des türkischen Sultans als Geisel gehalten worden war, zum Geschenk machte. Peter ließ den Knaben taufen auf den Namen Ibrahim Hannibal, machte ihn zu seinem Ziehkind und integrierte ihn in die russische Gesellschaft durch Bildung für den Staats- und Militärdienst, durch Heirat, Verleihung von Gütern und Titeln. Dieser General Hannibal, Urgroßvater aus der mütterlichen Linie, ist Puschkin immer gegenwärtig, ebenso wie es die väterlichen Vorfahren sind, die einst im Russischen Reich, als das Zarentum sich zu festigen versuchte, eine Rolle spielten. Er für seinen Teil ist sich darüber klar, daß er nur auf sich selbst gestellt ist. Ansehen und Macht seiner Familie sind während dynastischer Kämpfe, aber auch durch spezielle Fähigkeiten seiner Vorfahren, die zugleich Unfähigkeiten sind, verlorengegangen. Sein Vater privatisiert früh, liebt das Schöne, sein Onkel ist Schriftsteller. Dieser Wassili Lwowitsch Puschkin ist es, der den Jungen protegiert und durch seine Verbindungen auf das neugegründete Lyzeum in Petersburg bringt.

Puschkin hinterläßt ein Prosafragment »Der Mohr Peters des Großen«.

O über das Fragmentarische dieses Lebens und dieses Werkes! O über die offenen Schlüsse im Leben und in der Kunst! Der plötzliche Abbruch, das vorenthaltene, würdig vorbereitete, *normale* Ende! Unablässig reizt es zum Weiterdenken, setzt Phantasien in Gang. Wie viele Themen hatte er angeschlagen, wie viele Dinge begonnen, was war noch zu erwarten? Selbst ein Werk wie »Dubrowski«, Schullektüre von Generationen, war nach Puschkins Plänen nicht beendet. Es existiert ein Konzept, wohin er den Helden führen wollte. Die »Geschichte des Kirchdorfes Gorjuchino«, diese glänzende Satire, ist gerade nur begonnen. Pugatschow, der Führer der aufständischen Bauern, ist nur als Nebenfigur in der »Hauptmannstochter« erschienen, aber plante Puschkin nicht, ihn zu einer Hauptgestalt in seinem Werk zu machen? Wie plante er sein Leben?

Ein Jahr vor seinem Tode, 1836, hatte er die Erlaubnis bekommen und die Mittel gefunden, eine Zeitschrift herauszubringen. Literarische Zeitschriften hatten ihn seit seiner Jungend interessiert, er hatte sich kritisch mit ihren Möglichkeiten und ihrer Wirklichkeit auseinandergesetzt. Nun endlich ist er der Herausgeber des »Sowremennik«, des *Zeitgenossen*. Bevor er das Haus verläßt, um zum Duellplatz zu fahren, schreibt er noch einen Brief im Interesse der Zeitschrift. Er sagt ein Treffen mit einer Übersetzerin ab: »Ich bedaure, gnädige Frau, heute verhindert zu sein ...« Er übersendet ihr ein Buch und ist überzeugt, daß er das Rendezvous nur vertagt. Er glaubt an sein Glück, sein Diener berichtet, daß Puschkin bei seinen letzten Hantierungen vor sich hin pfeift. Er fährt zur Konditorei Wolff auf dem Newski, um seine Sekundanten zu treffen. Von dort – im Schlitten, es ist Februar – zum Feld am Schwarzen Flüßchen. Unterwegs begegnet man dem Schlitten der ahnungslosen Natalja Nikolajewna. Sie fahren aneinander vorbei. Auf dem Feld am Rande von Petersburg trifft er auf Baron d'Anthés, der seit kurzem sein Schwager ist, von dem es aber heißt, er sei der Anbeter, wenn nicht der Liebhaber von Puschkins Frau. Die anonymen Briefe, die das behaupten, kursieren in der Petersburger Großen Welt und gelangen an den Hof. Aber auch der Zar wird genannt als Verehrer der nun in Petersburg gefeierten Schönheit. Die Heirat des Barons d'Anthés mit Puschkins Schwägerin war arrangiert worden, um das Gerede zu bekämpfen, aber es läßt nicht nach. Seltsamerweise ist es der Adoptivvater des Barons d'Anthés, der holländische Gesandte Heeckeren, der hinter den anonymen Briefen steht. Eine Intrige.

Aus seinen Briefen und den nicht abgesandten Briefentwürfen sieht man, wie verzweifelt Puschkin im letzten Jahr versucht hat, das Gespinst zu zerreißen, herauszukommen aus der Verstrickung, ohne das Gesicht zu verlieren. Nach dem Ehrenstandpunkt der Zeit ist er der Lächerlichkeit verfallen, wenn er dem Gerede nicht entgegentritt.

Man ist versucht, an Vorahnungen, an magische Vorausnahmen zu glauben, wenn man die verschiedenen Duellschilderungen in Puschkins Werken liest. In den »Erzählungen Belkins« den »Schuß« oder das Duell zwischen Onegin und Lenski, bei dessen Gelegenheit er fast sein Ende vorauserzählt hat. Damals hat er mit jener bezaubernden Ironie, die so voll Wärme, Menschenverständnis und Poesie ist, gefragt: Was wäre aus Lenski, dem jungen *schillerschen* Dichter, geworden, wenn Onegin ihn nicht im Duell getötet hätte? Ein behaglicher Hausvater, der das Leben genießt und sich seiner Jugend erinnert? Oder hätte er zu den Dekabristen gehört? Puschkin spricht es nicht aus, das kann er nicht aussprechen, aber jeder versteht, was gemeint ist. Wäre er einen Weg gegangen, der seinen früheren Träumen und Idealen entsprach? So fragte der achtundzwanzigjährige Puschkin dem achtzehnjährigen Lenski nach. Und wie wäre das Leben des siebenunddreißigjährigen Puschkin weitergegangen? Einige seiner Jugendfreunde wurden, als sie in das Alter der *Weisheit* kamen, zu intellektuellen Stützen des Zaren. Wäre es ihm möglich gewesen, seine geistige Unabhängigkeit zu bewahren? Hing er nicht von der gnädigen Laune des Herrschers ab, um das kostspielige Gesellschaftsleben führen zu können, das Natalja unbedingt brauchte? War er nicht der Schuldner des Zaren? Hätte er auf Dauer sein literarisches Gewissen gegen das sogenannte Staatsinteresse behaupten können? Puschkin wollte sein Poem »Der eherne Reiter«, 1831 beendet, unbedingt gedruckt sehen. Aber Peter der Große war nach Meinung des Zaren nicht erhaben genug behandelt. Das Poem blieb ungedruckt. Schreiben und Drucken sind, wie sich zeigt, zweierlei. Er konnte für den Druck

wohl Kürzungen zulassen, wenn es ihm trotz aller Be-
mühungen nicht gelang, seinen Standpunkt durchzuset-
zen, und wenn er überzeugt war, daß sein Werk durch
die Beschränkungen nicht seinen Sinn verlor. Aber nie-
mals hätte er darauf verzichtet, aufzuzeichnen, was er
dachte und sah. Seine Blickschärfe war seine Lust und
seine Last.

Seine Meinungen über das Leben und über die Wirk-
lichkeit, die es zu seiner Zeit annahm, stimmen nicht in
allem mit unseren Meinungen überein. Er glaubte noch,
daß der Zar die Bauern befreien müßte. Wie er über-
haupt glaubte, daß Freiheit und Wohlfahrt der Gesell-
schaft von einem aufgeklärten Monarchen im Verein
mit einer aufgeklärten Intelligenz durch Gesetzgebung
hergestellt werden könnten. Und doch hat er, der selber
Gutsbesitzer war, ein genaues Bild von der Lage der
hörigen Bauern gezeichnet. Einer seiner früheren
Freunde ließ seine Bauern frei. Puschkin blieb Gutsbe-
sitzer, wenn auch ein kleiner, *unökonomischer*, aber in
ihm sind die Konflikte angelegt, die ein halbes Jahrhun-
dert später im Leben Tolstois zur Kulmination kommen
sollten.

Es gibt den Begriff *sinnliche Wahrnehmung*. Diese
sinnliche Wahrnehmung ist, so scheint es, von Meinun-
gen unbeeinflußt. Der Dichter besitzt die Fähigkeit zu
ihr in gesteigertem Maße. Überhaupt sind seine Sinne
zunächst sein wichtigstes Instrumentarium. Das muß et-
was mit seiner leiblichen Ausstattung zu tun haben.
Worte, die er bindet im Gedicht, müssen Abdrücke sei-

ner Sinne sein, wenn sie Bilder vermitteln sollen, die wieder sinnliche Wahrnehmung erzeugen. Auch die Speicherfähigkeit des Gehirns, die man Erinnerung nennt, muß bei einem Dichter auf besondere Art ausgebildet sein. Er bewahrt Nebeneindrücke, Bildsplitter, mit Deutlichkeit, Geruch und Geschmack des Lebens mit Genauigkeit, er speichert vielleicht nicht nur mit dem Gehirn, sondern mit dem Leibe … Anfechtbare Theorien.

Aber Puschkin besaß so eine Art Sinnlichkeit. Man spürt Schnee, Wind und Sonne auf der Haut, man teilt das leibliche Behagen der Namenstagsgäste im Hause des Generals Larin, man erhitzt sich mit der Jugend im Tanz, man friert mit Tatjana unter den Feldersternen der Neujahrsnacht, man läßt sich auf dem langen Weg von Larins Gut nach Moskau in der Kutsche rütteln, lebenstraurig wie Tatjana nach dem verzweifelten Gespräch mit Onegin unter den Eichen im Park … Man ist gesättigt mit Bildern, mit Lustgefühlen und Traurigkeiten, der Weite einer Landschaft im Schnee, der verwehten Steppe, in der es keinen Weg mehr gibt und in der plötzlich ein Punkt auftaucht, etwas Dunkles, ein Pfahl, ein Hund oder ein Mensch. Seltsame Verwechselungen, Verwandlungen, Trauung mit einem Unbekannten in einer Frostohnmacht, die Verwandlung des Retters aus der Schnee-Einöde, des zerlumpten Bäuerleins, in den gefürchteten Jemeljan Pugatschow, das Gelb der Weiten um die gottverlassene Festung hinter Orenburg, in der man erst die Kanonen von Steinen, Vögeln und Abfällen reinigen muß, wenn die Aufständischen anrücken, und in der die Frau des Hauptmanns so selbstverständlich regiert, wie sie mit ihrem Alten zugrunde geht. Lustgefühle steigen einem bis in den Hals, wo das Lachen oder das Weinen beginnt, aber ihnen entgegen kommt aus dem Hirn ein anderer Strom, der intellektuelles Vergnügen einschwemmt. Genuß an Menschenmöglichkeit, an der Fähigkeit, eine Welt in der Kugel zu schaffen, die in sich hermetisch ist, aus der aber doch alle Wege hinausgehen. Ja, es gibt ein Entzücken, das aus der Freude an der Fähigkeit der Gattung hervorgeht, die sich in einem ihrer Einzelexemplare bekundet. Daß einer nicht nur sich ausdrücken, sondern Welt schaffen kann, geschieht selten. Hier geschah es.

Alexander Puschkin

Ich liebte Sie. Die Liebe ist
Vielleicht noch nicht so ganz vorbei.
Bleiben Sie ruhig. Wie's auch sei:
Betrüben will ich Sie nicht. Sie sind frei.

Ich liebte Sie. Hoffnungslos. Schweigend.
Wie ein Geschlagner sich ergibt.
Aufrichtig. Zärtlich. Fallend. Steigend.
Geb Gott, daß Sie ein andrer je so liebt.

Nachdichtung Eva Strittmatter

1977

Korrespondenz
mit Karl Hermann Roehricht

Wir lernten Karl Hermann Roehricht kennen, weil er in einem Brief angefragt hatte, ob Erwin Strittmatter sich von ihm porträtieren lassen würde. Dazu hatte Strittmatter keine Lust, und damit hätte die Bekanntschaft zu Ende sein können, oder besser: sie hätte nie zu beginnen brauchen, denn zunächst war es ja nur eine Anfrage, und das war im Jahre 1961, glaube ich. Es blieb dann lange Zeit, über Jahre hinweg, eine rein briefliche Bekanntschaft, ein Bekanntwerden, ein Herantasten. Und auch heute kann man die Male, an denen wir uns gesehen haben, zählen. Es hat sich aber eine ganz merkwürdige, unter unseren zahlreichen Beziehungen einmalige Form der Verbindung zwischen uns hergestellt, eine Schreibbeziehung, eine wechselseitige Kunst-Konfession, wenn man sich erlauben will, so hochtrabend zu reden. Wir kennen Karl Hermann Roehricht also nur aus der Ferne, im landläufigen Sinne kennen wir ihn kaum oder gar nicht. Wir haben aber seine Existenz über Jahre beobachtet, und, um etwas vielleicht befremdlich Klingendes zu sagen: wir haben ihn frei vom Naturalismus seines privaten, tagtäglichen Lebens gesehen, von dem nur ein schöner Widerschein zu uns kam, wenn er uns auch treulich von seinen Kämpfen und Konflikten berichtete, von den Kämpfen mit sich selbst, mit der Umwelt, mit der Materie in jeder Form, und vor allem und immer wieder vom Kampf mit dem Material seiner Arbeit. Mancher möchte vielleicht sagen: Was sind Selbstdarstellungen? In ihnen kann man sich verkleiden, beschönigen, veredeln. Ich verteidige die Selbstdarstellung gegen die Eindrücke einzelner Beobachter, die einen Menschen nur in den kleinen Momenten sehen, in denen er nicht seiner eigentlichen Bestimmung, der Arbeit, lebt.

Daß diese Korrespondenz entstanden ist, liegt einzig bei Karl Hermann Roehricht, der vom ersten Brief an ein suggestiver Schreiber war, ein Mann, der einen zwang zu erwidern, dem man unmöglich mit Höflichkeiten und Banalitäten kommen konnte. Verblüffend (inzwischen für uns längst gewohnt) war die Genauigkeit und magische Assoziationskraft seiner Briefe. Roehricht kann alles sichtbar machen: Landschaften, Menschen, Träume, Gedanken: Bilder, die er gesehen hat, und Bilder, die er malt. Vielleicht schreiben in dieser Art nur Maler, die die Dinge so genau ansehen müssen, um sie wiedergeben zu können.

Von Anfang an verriet sich da aber noch etwas anderes als diese spezielle Malerfähigkeit: Eine Leidenschaft für das Schreiben, die aus dem Verlangen kam, etwas, was in die Bilder nie vollständig eingehen wollte, zu zwingen: das ganz Subjektive und das ganz Umfassende zusammenzubringen. Es war für uns keine sehr große Überraschung, als sich herausstellte, daß Roehricht auch noch anderes schreibt als Briefe, daß er immer neue Versuche macht, auszudrücken, was er ausdrücken muß: *Sein* Verhältnis zur Welt.

Zunächst, ich weiß nicht mehr, wie lange, vielleicht ein Jahr oder zwei, war für uns aber die Sache so: Wir sagten: gut, der Mann schreibt gut, aber kann er auch malen? Er hatte uns inzwischen von seinem Lebens- und Studienweg geschrieben, der sich wie alle Lebensläufe in eine Zeittafel bringen läßt, wir wußten, wo und bei wem er studiert, wo und wie er gelebt hatte, aber deshalb wußten wir noch immer nicht, was für ein Maler er war, und vor allem: was für ein Maler er für uns war. Wir haben keinerlei Ambitionen, als Kunstkenner zu gelten, und nehmen uns die Freiheit, Lieben und Vorlieben zu haben und vieles nicht zu brauchen, was von anderen oder was allgemein für gut und aufregend gehalten wird. Wir hatten also Angst, Roehrichts Bilder zu sehen, weil wir fürchteten, sie könnten uns nicht gefallen, und dann würde es uns unmöglich sein, weiter so mit ihm zu stehen wie bisher. Da kamen Roehricht und seine Frau eines Tages über weite Entfernungen, über Kleinbahn- und Fahrradwege, zu uns in unser abgelegenes Vorwerk, weil es sich gerade so machte, daß er und Loni einen Tag lang eine Betreuerin für die Kinder hatten. Er kam, um uns zu sehen, und er brachte uns ein Bild mit. Das Bild war verpackt, verschnürt, und wir rührten es nicht an, wir sagten: »Danke!« und »Wir freuen uns sehr«, aber wir hatten weiter unsere Angst vor den Bildern unseres nun plötzlich lebendig gewordenen Korrespondenten. Es begann zu regnen an jenem Tag, aber der Zug in der ziemlich fernen Kleinstadt würde trotzdem fahren, und Roehrichts mußten ihn erreichen, und bevor sie fuhren, besichtigten sie, wie es üblich ist, aus Höflichkeit oder aus Interesse, die Tiere, die bei uns im Stall stehen, und als sie im Stall waren, rannte ich in die Stube zurück und packte das Bild aus, und es war sofort *mein* Bild, und ich habe es nie wieder hergegeben, habe mich nie wieder von ihm getrennt. Es regnete immer noch, und ich schlug das Bild gegen den Regen in ein Tuch, und ich rannte in den Stall zurück und zeigte es Strittmatter, der wie ich wegen dieses Bildes in großer Verlegenheit gewesen war, und der Maler Roehricht stand dabei, und wir sagten die wenigen Worte, die man zur Verfügung hat, um etwas Kompliziertes auszudrücken, und dann fuhren der Maler und seine Frau auf ihren Rädern davon.

Das kleine Bild, das Roehricht uns damals gebracht hatte, hieß »Winter bei Grünau«, und es hatte das, was uns an den Bildern der *Alten*, der Holländer besonders, fasziniert, es hatte soviel Bewegung, Leben, Feinheit und eine solche Harmonie: Graue, viel blaue, rosa und weiße Töne waren da, und etwas sehr Vertrautes und doch auch etwas Fremdes und Neues. Die Überraschungswirkung, die es auf uns ausgeübt hatte, wiederholte sich später bei vielen unserer Besucher, die das Bild sahen und die sich den Maler sofort für immer einprägten und nach ihm fragten, sobald sie bei uns waren. Ebenso ging es mit einem anderen Bild, das wir später bei Roehricht für uns ausgesucht hatten, einer großen blauen Flußlandschaft. Selten ging einer an diesem Bild vorbei, auf den es keine Wirkung hatte, und wenn dies geschah, dann war es gewiß jemand, für den Bilder überhaupt nicht notwendig waren.

Damals, als Roehricht uns das erste Bild brachte, hatte er eine schwere Zeit, er hatte noch wenig Resonanz. Noch hingen keine Bilder von ihm in der Galerie Neue Meister, noch hatte er in Dresden nicht die Ausstellung gehabt, die Lea Grundig so schön eingeleitet hat, noch traf man in den Wohnungen der Schriftstellerfreunde nicht auf Bilder von Roehricht, um die man sie sofort beneidete und die man besuchen ging wie die Menschen, zu denen sie nun gehörten. Er saß in seinem alten Haus bei Erkner, das er gerade erst zu kultivieren begann, in dem er sich nur schwer einleben konnte, weil es ihm unablässig, und besonders winters, die zähesten Widerstände leistete, er präparierte dort seine Malgründe mit mönchischer Geduld oder mit Sektiererfanatismus, je nachdem, wie man es sah oder sehen wollte, und wenn es ganz schlimm gewesen war an einem seiner langen Arbeitstage, dann schrieb er Briefe, nachdem er eine Weile draußen umhergelaufen oder -gefahren war, und er schrieb vielleicht: »Welch schöne Dämmerung gestern abend, der Wald schlief wieder, und nur der Nebel tropfte von den Bäumen die Zeit ins Moos; wo sie eingesogen wurde und aufbewahrt wird für die Sämlinge, für nächste und übernächste Sommer …

Das müßte gemalt werden mit Ei und Öl, mit Leim und Wasser, mit gereinigten Erden aus Böhmen und Thüringen und Neapel, mit Pflanzensäften aus Krappwurzeln, mit raffinierten Oxyden kostbarer Metalle und Säuren! Dann schimmert eine Dämmerung noch einige Generationen länger von der Wand eines Menschenhauses und kündet von einer stillen Radfahrt voller Be-

schaulichkeit, während der Nebel die Zeit von den Bäu-
men tropfte ...«

Als er das schrieb, waren wir schon sicher, daß Roeh-
richt nicht umsonst danach suchte, seine Bilder haltbar
zu machen, daß er nicht umsonst mit Malgründen ex-
perimentierte und daß er nicht sinnlos um seine Farben
so sehr besorgt war, wir wußten, daß es richtig war so
und daß er etwas zu bewahren hatte.

1971

Hubertus Giebe

Giebe ist im November 53 geboren, im Sommer 77, da ich dies schreibe, noch nicht vierundzwanzig Jahre alt.

Im Herbst 76, nach Beginn seines dritten Studienjahres an der Dresdener Kunstakademie, hat er, gegen alle Vorhaltungen seiner Lehrer, die Hochschule verlassen und lebt nun, mit einer auf zwei Jahre geltenden Arbeitserlaubnis, als *freischaffender Maler*.

Ich habe ihn zum ersten Mal gesehen im April 75, nach einer Lesestunde, die Erwin Strittmatter und ich im Studiotheater Dresden machten. Durch Briefe kannte ich ihn schon etwa zwei Jahre, er hatte, als er bei der Armee war, an Erwin Strittmatter zu schreiben begonnen und hatte Arbeiten geschickt, Zeichnungen, Skizzen vor allem.

Nach unserer Vorlesung kam also dieser junge Mensch, der seinem Aussehen nach noch ein Schüler hätte sein können – das Auffallendste an ihm waren, neben dem unkonventionell kurzgeschorenen Haar, die ganz hellen Augen, Augen eines Kindes und eines Fanatikers zugleich. Dazu das hastige, hemmungslose Sprechen – die *Entladungen* eines Menschen, der sehr einsam, sehr in sich selbst, lebt, das eruptive Lachen und die Unmöglichkeit, von etwas anderem als Kunst zu sprechen. Alles, was er redet, hat zumindest mit den Bedingungen der Arbeit zu tun, wenn es nicht direkt von ihr handelt. Sein Lieblingswort: *seltsam.* »Alles ist seltsam: die Leute, wie sie gehen, stehen, reden, wie sie leben. Jeder hat sein Geheimnis.«

Wir aßen zu sechst – drei Damen, zwei Veranstalterinnen und eine Leserin kamen dazu – im Restaurant des Kulturpalastes, wir mit leichter Pein wegen der Fremdheit und wegen der unbehaglichen Pflicht, Konversation machen zu müssen, Giebe mit Genuß, hungriger Student, der von Mensa-Mahlzeiten oder *Tüten-*Suppen und Margarine-Broten lebt, dabei redend, redend von Kunst. Er hatte ein kariertes Baumwollhemd aus dem Berufsbekleidungsgeschäft und eine schwarze Männer-Tuchweste mit futterseidenem Rückenteil an (»Hab mich fein gemacht für den Abend«) – dieses und ein ähnliches Hemd kenne ich nun seit zwei Jahren, Giebes zweite Haut –; als wir gingen, stellte sich heraus, daß er vergessen hatte, seine alte Kutte von der Theatergarderobe zu holen, sie wurde gesucht und gefunden, er stülpte eine Baskenmütze über und band einen kanariengelben Wollschal um. Strittmatter neckte ihn: »Künstler!« Giebe nahm es ernst und rechtfertigte sich. »Der Schal ist alt, von der Tante geerbt. Er ist warm, und vor allem schön gelb.« Wir hatten lang beim Pförtner auf ein Taxi zu warten, Giebe, in Kutte, Barett und Schal, stand mit dem Skizzenblock neben uns und porträtierte die Veranstaltungs-Mädchen, die *seltsame Hüte* trugen … Wir verabschiedeten uns, bedauernd, daß wir nur so klamm, so obenhin hatten reden und zuhören können, wir hofften auf später; für den folgenden Tag hatten wir ein Programm, Besuch bei einem anderen Maler, Gespräche mit Studenten, mit Lesern – für Giebe würde weiter keine Zeit sein.

Am Spätnachmittag des nächsten Tages hatten wir, verabredet mit der Leserin, die uns seit langem anhing, einen Spaziergang zum *Luftaufschöpfen* geplant. Als wir um die Ecke beim Hotel *Astoria* Richtung Zoo gingen, tauchte Giebe auf, ein verpacktes Bild unterm Arm, Geschenk für uns, ich brachte es ins Zimmer hinauf, wir spazierten, es begann zu regnen, Giebe sagte: »Ich hätt Sie gern in mein Atelier eingeladen, wenn Sie Zeit gehabt hätten, Sie haben keine Zeit, aber jetzt regnet es, erst in zwei Stunden haben Sie einen Termin, hier kommt die Straßenbahn, fahren wir?«

Wir fuhren nach Neustadt, in die Frühlingstraße.

Die ganze Zeit in der Straßenbahn redete Giebe, hastig, laut, vom Malen, von Philosophie, von Literatur, vom seltsamen Leben. Er stand – es war Berufsverkehr – eingekeilt zwischen Menschen, die ihr Teil getan hatten an jenem Tag, sah einem mit diesen hellen Augen eines Kindes und Fanatikers direkt ins Gesicht und wollte nicht nur Zustimmung, sondern Gespräch.

Nichts ist mir so zuwider wie Auffallen, wie Erkennbarsein als *Anderer*, als *Künstler*. Ich fühlte mich provoziert, wußte aber mit einer tieferen Schicht des Gefühls, daß dieser Junge im Recht war, und wußte, daß er es immer schwer haben würde, weil er zu jener Art *Mimikry*, wie ich sie übe, nie fähig sein würde.

Wir stiegen eine weiße Steintreppe durch alle Stockwerke hinauf, eine klösterliche Treppe, die Giebe gemalt hat, und kamen in sein Zimmer, das er uns in Briefen beschrieben hatte, zehn Quadratmeter groß. Den Ofen, von dem wir wußten, wie wenig er genügte, den Raum zu erwärmen, hatte er *extra* auf Hochtouren gebracht, auch Wein und Gebäck eingekauft – er hatte also eine Hoffnung gehabt, uns zu sich zu *entführen* …

Staffelei, alter Schreibtisch, zwei Stühle, ein dritter wurde hinzugeholt, Waschständer, an den Wänden Pappen, besteckt mit Zitaten – Auszügen aus Briefen, Büchern – Gedichte, Glaubenssätze, Markierungspunkte, Halterungen für Gedanken, Gefühle, Fotos von Freunden, einiges an Plakaten, an Bildern. Prunkstück des Raumes: ein vergoldeter Spiegelrahmen ohne Spiegel, zufällig gefunden bei *Klingelzügen* nach alten Bilderrahmen in den alten Häusern von Neustadt.

Und dann schleppte Giebe herbei, packte aus.

Mappen, Mappen, geordnet in Größen, nach Techniken, nach Gegenständen: Studien von Pflanzen, von Landschaften, von Menschen. Zeichnungen mit dem Stift, mit dem Kugelschreiber, in Kohle, in Bister, Versuche mit Holzschnitten, mit Radierungen, pedantischste Ordnung in allem, in allen. Dieser seltsam erfundene Mensch, dieser Knabe der Kunst ging von Anfang an wie ein zum künftigen Amte Bestimmter seine Aufgaben an, er wurzelte, und er wußte, daß er es tat.

Er schied die Arbeiten von der Akademie, für die Akademie – Aktstudien, perspektivische Studien, Kopien – von den *wirklichen* Arbeiten, von *seinen* Arbeiten: überstürztes, seltsames Leben, *gebannt*.

Damals schon: Hunderte Porträtskizzen, in Kneipen, auf Bahnhöfen, beim Arzt, auf der Straße, an der Haltestelle, in der Straßenbahn, im Zug, in der Hochschule gemacht. Flüchtige Schrift und deutliche Zeichen.

Und in dem ganzen *Œuvre* des Einundzwanzigjährigen die krampfhaften Bewegungen des Falters, der sich dem Puppenzustand entringt.

Sein Weg bis dahin ging so: Geboren in Dohna, Bezirk Dresden, aufgewachsen in Schlottwitz, in Schlottwitz auch die ersten drei Schuljahre, danach Glashütte, später Oberschule Altenberg, das heißt Internat mit strengem Regime. Früh Abmal- und Malversuche. Gründung eines Zeichenzirkels, dessen sich der Lehrer Alfred Franz annimmt, den Giebe dankbar erinnert. Ein Freund des Vaters liest eine Zeitungsnotiz, Bewerber für einen Jugendzirkel zur Vorbereitung auf die Abendakademie der Dresdener Hochschule werden gesucht. Er bewirbt sich. Ein halbes Jahr lang fährt er ein Mal in der Woche die sechzig Kilometer von Altenberg nach Dresden mit dem Bus. Professor David, später Direktor in Schneeberg, *entdeckt* ihn. Er wird in die Abendakademie übernommen. Das heißt nach Dresden übersiedeln. Man interessiert Ruth und Max Seydewitz für den Jungen, sie vermitteln die Aufenthaltsgenehmigung, Verwandte erkunden Zimmer und Kammer in der Frühlingstraße zwölf, Neustadt, beim Ehepaar Fichte. Der alte Fichte, von Beruf Schlüsselschlosser, übernimmt die Vormundschaft für den noch nicht Sechzehnjährigen, damit er ein Wohnrecht außerhalb eines Internates erhält.

Das Studium ist drei Mal in der Woche am Abend und sonnabendvormittags; anstelle von Beschäftigung in den Flugzeugwerken wird es anerkannt als *praktisch-theoretische Arbeit für den Unterricht*. Die Lehrer haben Verständnis für den Jungen, der nach dem Abendstudium im Unterricht übermüdet ist, manchmal einschläft. Aber vorbereitet durch die sehr gute Schule in Altenberg, bewältigt er das Pensum glänzend, auch die zweite Sprache Französisch. Für die Abendakademie sind die Noten Eins oder Zwei in allen Fächern der Oberschule Bedingung. Giebe macht das Abitur mit *sehr gut*.

Während dieser zwei Jahre stellt er in der Oberschule aus, Kettner, dessen Tochter dieselbe Schule besucht, sieht die Ausstellung, wird auf den Jungen aufmerksam. (1977 bürgt Kettner für Giebe beim Verband Bildender Künstler. Seine Bürgschaft beginnt so: »All meine Bemühungen, Herrn Hubertus Giebe zur Fortsetzung seines Studiums an unserer Hochschule zu überzeugen, scheiterten an seinem festen Entschluß, sich seinen künstlerischen Weg selbst suchen zu wollen. Dies bedauere ich einerseits, wie es mir andererseits Hochachtung abnötigt ...«) Die Schule kauft ein Tryptichon an. Das zweite Mal stellt er aus im Jugendklub der Kunstsammlungen zu den Weltfestspielen 1973, eine Jubiläumsausstellung zum fünfzehnjährigen Bestehen des Klubs.

Nach der elften und zwölften Klasse wandert er mit einem Freund durch Bulgarien, in der Zeit nach dem Abitur, Sommer bis November 72, arbeitet er bei den Kunstsammlungen. November 72 bis Mai 74 ist er bei der Armee, in Berlin und Dresden kann er sich an Armee-Ausstellungen beteiligen. Dabei macht er seine erste Erfahrung mit dem Kurswert der Kunst: ein Oberst möchte zwei Blätter, zwei Pflanzenstudien, von ihm, Giebe will sie ihm schenken, das will der Oberst nicht, er will sie bezahlen und gibt ihm, durch seinen kleinen Sohn, fünf Mark. Ein Erlebnis, das Giebe für lange verprellt, er will nicht verkaufen, nur schenken.

Von Mai bis Herbst 74 malt er in Dresden, dann ist es endlich soweit: er kann sein *richtiges* Studium beginnen. Für die zweite Aufnahmeprüfung – die erste war für die Abendakademie zu bestehen – legt er Akt, Porträt, einen Aufsatz, eine Mappe mit Skizzen vor. Die Prüfungen dauern eine Woche, dann Abschlußgespräch, in Giebes Studienjahrgang sind vierzehn Maler und Graphiker, darunter drei Ausländer.

Er studiert bei Bammes, Jokusch, Christian Hasse, Klotz, Friedrun Bondzin, Kettner. Durch Jokusch kommt er schon im ersten Studienjahr zur Verkaufsgenossenschaft Bildender Künstler, es gibt Spannungen deswegen mit der Studiengruppe, Giebe zieht seine Arbeiten zurück. Die Ausstellungen zum Jahresabschluß werden von einer Kommission *benotet*. Giebe erhält nach dem ersten Studienjahr, das an jenem Apriltag noch nicht beendet ist, die Note Eins, die Note Eins bedeutet ein Leistungsstipendium.

Ein hervorragend glatter Weg, wie aus dem Bilderbogen geschnitten.

Aber schon bei diesem ersten Besuch in seinem *Atelier* – für die Malerei macht er eine *Ausstellung* auf dem Treppenpodest zwischen Wohnungs- und WC-Türen, und für die großen Bilder, die er im Zimmer aufstellt, müssen wir auf den Flur hinausgehen, um die nötige Entfernung zu gewinnen – schon bei unserem ersten Besuch sagt er: »Die Hochschule hindert mich am Arbeiten. *Eigenes* arbeiten kann ich nur nachts, nur an den Wochenenden.« Er schildert uns das Programm, das er zu absolvieren hat, die Übermenge an theoretischem Stoff, das Unverhältnis von *Bewußtsein* und Leben: als ob man versuchte, die Ufer eines Flusses zu betonieren, und man geht so auf Sicherheit, daß nur ein Rinnsal hindurch kann. Zu unserem Erstaunen hören wir, daß die Lehrer, die wirklichen Maler, nicht *ihre* Schüler haben, die sie zu sich heranziehen, um sich versammeln, denen sie vorleben und denen sie helfen, sich zu behaupten. Wir hatten, stellten wir fest, etwas archaisch-patriarchalische Vorstellungen von so einer Akademie, hatten keine Ahnung von der *Institution*, vom Mechanismus des großen *Betriebes*, der sie nun war. Dennoch versuchten wir Giebe einzureden, daß es gut für ihn wäre zu absolvieren, daß das Diplom ihm Sicherheit geben würde, einen *Anspruch*, es würde ihn schützen … Wir gingen mit einer Unruhe von ihm – verspätet zu unserem Termin, denn Giebe konnte kein Ende finden: »Das *müssen* Sie noch sehen!« Wir gingen mit deutlichen Eindrücken von seinen Bildern, seiner Existenz, der Existenz eines *Spartaners* aus Stolz – er lebte nur von dem damals sehr kleinen Stipendium, um sich zu *beweisen.* Wir gingen, beunruhigt von einer Kraft, die schon in den Briefen spürbar, nun aber sichtbar geworden war und die uns in eine Verantwortung zog, an der uns nichts lag und nichts liegen konnte, denn wie die meisten Menschen glaubten wir, schon genug Verpflichtungen zu erfüllen. Aber es ging ein Licht aus von diesem Erlebnis, *das* überwog, es war, wie immer, ein Wunder, daß da einer aufgebrochen war aus einer Welt ohne Kommunikation zur Kunst, in der Menschen, konzentriert auf das *Tägliche*, das *Anpackbare*, im Bewußtsein ihres Wertes ihr Leben lebten, und sie hatten diesen grauen Schwan aufgezogen, den unverhältnismäßigen Märchenvogel, von dem sie nur schwer glauben konnten, daß er eine Metamorphose der Schönheit erleiden und fliegen würde. *Eines Tages.*

Das Geschenk, das er uns ins Hotel gebracht hatte, war ein Selbstbildnis, *altmeisterlich* gemalt, von einer Strenge, von einer Klarheit, vor der man sich zu rechtfertigen hatte. Vor diesem jungen Menschen, der da in unserem Hause in Schulzenhof auf mich herabsah und herabsieht, habe ich in diesen zwei Jahren oft genug verantworten müssen, was ich in seiner *Gegenwart* sagte oder tat, er mißbilligte, wenn ich nachließ in meinen Ansprüchen an mich, an das Leben.

Im Sommer 75 war er das erste Mal bei uns auf dem Land. Er war der *unauffälligste*, der *bequemste* Gast, den wir jemals hatten. Ohne Ansprüche, ohne Ziererei aber auch, sofort eingestellt auf den Tagesablauf, den *unsere* Arbeit diktiert, tat er die seine. Um fünf Uhr morgens hinaus mit dem Block oder mit der Staffelei. Um sieben zum Frühstück, von halb acht bis zwölf wieder an der Arbeit, um eins, wenn wir pausierten, wieder draußen, in der weiteren Landschaft, in der Heide, auf den Hügeln aus Sand, bei den Wacholdern, den Kiefern, unter den blassen nördlichen Himmeln in jenem überheißen Juli-August. Manchmal *fingen* wir ihn am Nachmittag *ein*, wenn er drei Stunden bei fünfunddreißig Grad auf der breiten, verwüsteten und zerspurten, Straße gestanden hatte, die wir – nach Lewitan und den Zeugnissen russischer Literaten – die *Wladimirka* nennen, wir *verschleppten* ihn mit dem Auto zum Tietzen-See, dem Waldsee der Schwäne und Fischadler, und Giebe genoß es und sagte: »Schwimmen ist ein ganz anderes Leben!« Aber es gelang uns nur selten, ihn zu finden, zu *fangen*. Er hatte keine *Zeit*. Er arbeitete auch im Dorf Dollgow, zu dem unser Vorwerk gehört, belagert von Kindern, befragt von Erwachsenen, die sich von dem seltsamen Knaben, halb gönnerhaft, halb ängstlich, gelegentlich *abzeichnen* ließen. Mit *fliegendem* Stift, mit *hingewischter* Kohle – sie waren ja Leute und hatten Arbeit, keine Zeit wie der Bursche, der das erste Exemplar der Gattung war, das sie zu sehen bekamen. Aber sie konnten ihn *leiden*, so wie jeder, den ich kenne, der Giebe kennt, ihn *leiden* kann. Einige, die am Geheimnis hängen, lieben ihn als ein Versprechen dafür, daß mit der Formel zwei mal zwei = vier das Leben niemals erklärt werden wird.

In jenem Sommer 75 zeichnete, aquarellierte, malte er in zwei Wochen so viel, daß er am Ende seiner Zeit in der Diele unseres Hauses eine *Ausstellung* geben konnte. Familie, Freunde waren versammelt, Giebe hatte – in Konspiration mit unseren Söhnen – Wein und Gebäck herangeschafft, und er kam mit dem aus dem Nichts und ein paar Stiften und Farben gewonnenen Reichtum und legte auf Bänken, auf Tischen und Fußböden aus. Er hatte Stellen aus unserer Landschaft herausgehoben, die nur wir bisher schmerzlich gefühlt hatten, so glaubten wir, einen Winkel Kiefernhochwald zum Beispiel, der wie ein Schiffsbug in eine Wiese hineinragt, die *meine* Wiese ist, auf der ich oft gegangen war, über die ich vieles geschrieben hatte, ein dunkles, fast *tragisches* Blatt, Aquarell; er sah meine Betroffenheit, und er schenkte es mir. Er schenkte allen an jenem Abend, was sie länger ansahen, weil sie es mehr liebten als anderes, jeder bekam sein Bild, seine Bilder. Wir wollten nicht, wir meinten, er müßte mit seinen Arbeiten leben in Dresden, er hatte gesagt, im Winter würde er *umsetzen*, was er notiert hatte in diesem Sommer, aber er hatte zu allem noch eine Fülle von Skizzen. »Nehmen Sie, nehmen Sie, ich brauche es nicht.« So streute er aus, so hat er all die Jahre *gestreut*; ich besitze inzwischen eine ganze Sammlung *fliegender* Blätter, Zufallsporträts von Menschen, die er nicht kennt, die ich nicht kenne, und die mir doch vertraut sind wie *wirklich*, und Bilder von Menschen, an denen er hängt, an die er sich hält oder von denen er sich abgestoßen hat mit den Jahren. Die alte Frau Fichte hat er wieder und wieder gezeichnet, gemalt, mit ihrem Unwillen und zu ihrer Unfreude meistens. »So soll ich aussehn?« Er hat sie *erforscht*, ihr

Leben mitgelebt über Jahre, die Spuren gezeichnet, jene, die das Leben ihr eingrub, und die anderen, die sie in ihm hinterließ.

Etwas Freudiges geschah im Herbst jenes Jahres.

Unser Verleger Günter Caspar sah Bilder von Giebe bei uns, inzwischen waren zu dem Selbstbildnis andere hinzugekommen, das Porträt der Dichterin Gabriele Eckart zunächst, das Strittmatter *Die Äbtissin* nennt, und bei einem als Plänkelei, ohne Sinn und Absicht, begonnenen Gespräch über *Büchermachen*, in dem Erwin Strittmatter sich beklagte, daß er nie wie *andere Leute* ein *buntes Buch* bekäme (was auf meinen von Albrecht von Bodeker illustrierten Gedichtband »Ich schwing mich auf die Schaukel« zielte), sagte Caspar: »Machen wir eines, und wie wäre es mit dem jungen Mann, dessen Bilder da an der Wand hängen?«

Wer den *Konservativismus* vieler Verleger und Ausstatter kennt, wird wissen, wie unerhört, wie generös dieser Satz war. Es gab eine Korrespondenz mit Giebe, er bekam das Manuskript der Erzählung »Sulamith Mingedö«, die er von Vorlesungen in jenem unvergeßlichen beginnenden Sommer, als manches noch leichter war als in diesem vergehenden, schon kannte, und im September/Oktober, als die Studenten zu einer Reservisten-Übung auf Rügen waren, machte Giebe des Abends seine Entwürfe. Sie überstürzten, überfluteten uns, Hunderte Skizzen, Varianten, Varianten, und er hatte sofort *die* Form für die Bilder und die Technik: Medaillonform, Gouachen.

Er arbeitete den ganzen Winter daran, neben dem Studium, das ihn weiter am Arbeiten *hinderte*, neben der *eigentlichen* Arbeit, dem Malen von Bildern – vor allem dem Kreuzigungsbild, von dem er immer neue Versionen im Lauf der Jahre sich *abrang* – eine Szene zu Ende des Krieges –, und wir erlebten die glückliche Stunde mit ihm, als er die fertigen Blätter zur Auswahl in den Verlag trug. Er kam früh von Dresden nach Berlin, stürzte in unserer Wohnung einen Kaffee hinunter, verschlang ein paar Brote, und dann hatten wir wieder die Szene: dieses Mal in der U-Bahn, Giebe mit der großen Mappe unterm Arm, immer noch wie ein Schüler aussehend, in den ältesten *Jeans*, mit einem gelben baumwollenen *Nicki*, kurzärmelig – an einem kühlen Frühsommertag 76 – ein neues Kleidungsstück an ihm? Ja, von Frau Lehmann, die seit fünfundzwanzig Jahren Modell steht in der Akademie, mit anderem Zeug zusammen als *Mal-Lappen* für die Studenten gebracht. »Das Ding ist noch gut, und schön gelb!« Der Lebensplaner, der Existenzmittel-Sparer, der Spartaner Giebe und wieder redend, redend vom seltsamen Leben, von Kunst.

Hellmis, der Ausstatter vom Aufbau-Verlag, und unser Freund Günter Caspar waren zufrieden, aber nein, obwohl sie berlinisch-nüchterne Menschen sind – Gefühlsäußerungen sind ihnen ziemlich suspekt – zeigten sie Freude. Und der leise und vorsichtige Caspar sagte auf seine leise und vorsichtige Art: »Um die Skizzen ists schade, Hellmis, man sollte was machen daraus, zusätzlich zu den farbigen Sachen.« So kamen auch noch Zeichnungen in das Buch, das nun fertig und schön ist und in das Strittmatter, neben der üblichen Impressum-Notierung am Ende des Bandes, deutlich hinein haben wollte in dessen Aufgang: Illustrationen Hubertus Giebe. – Um den Auftrag annehmen zu dürfen, mußte Giebe ein Gesuch an den Rektor der Hochschule richten. Es erhielt den Vermerk: »Einverstanden. Eiselt.« Natürlich hat an der Hochschule niemand Freude darüber gezeigt, daß ein Student des zweiten Jahrgangs ein Buch illustriert. Wieso auch? Er hat noch vier Jahre zu lernen.

Immer wiederholt sich der Vorgang: Leben auf Risiko. Verwirklichung aus der eigenen Substanz, der assimiliert wird, was möglich und notwendig ist, und die abstößt, was ihr organisch nicht zusteht. Wir haben es über Jahre erlebt bei Karl Hermann Roehricht, der schon ein *fertiger* Maler war, als wir ihn kennenlernten, und doch zu jener Zeit nur in sich selbst, nur für sich selbst etwas war. Roehrichts Existenz hat auf Giebe, mit dem wir ihn im Sommer 75 besuchten, einen entscheidenden Eindruck gemacht. Zu leben, um zu malen, nicht zu malen, um zu leben – Giebe sah, was von Roehrichts Werk noch um ihn *versammelt* ist, und begriff, daß ein solches Werk die einzige Sicherheit sein würde, auf die er hoffen durfte, auch er würde nur in *der* Wirklichkeit leben, die er sich schaffen würde, indem er sie freisetzt aus sich, sich frei macht aus ihr.

Seit einem Jahr hat er nun die Lizenz, sich als Maler zu behaupten. Wenn er mit der Illusion begann, daß es leichter werden würde ohne die Ansprüche der Hochschule, so hat er sie inzwischen gründlich verloren. Die Schwierigkeiten sind anders, aber sie sind größer geworden. Vorher mußte er Kraft beweisen, um sich nicht mit der Speicherung von Wissen und Fertigkeiten zu begnügen. Der Druck des rein Stofflichen und des Abstrakten erzeugte Gegendruck; Aufflammen, Aufbäumen von Leben. Jetzt muß er Druck und Gegendruck selber erzeugen.

Die frühe Abwendung von der Malweise der *Dresdener Schule*, von der *pastosen* Malerei, war ja nur die Verweigerung *eines* Weges, aber wie viele andere sind noch zu erkunden?

In seiner Zufalls-Zuflucht – einer baupolizeilich gesperrten Wohnung unter einem Dach der Görlitzer Straße in Neustadt – versucht er, auf der *Kreuzung* stehend, einen *Hauptweg* zu finden, *den* Weg für sich zu erwählen.

Der Schriftsteller wählt seinen Weg durch Schreiben, der Maler durch Malen. Theoretische Entscheidungen kann es nicht geben. So probiert Giebe aus: Wie hat Cezanne das gemacht? (Bäume, eine Landschaft aus Grün und Bewegung.) Die Verwandlung von Wirklichkeit ins *Bild* (auch ins Wort) ist aber in Wahrheit ein Akt reiner Willkür, Gesetzgebung, von *einem* Willen und *einer* Liebe diktiert. Bei aller Begeisterung für schon erschaffene Kunst, bei genauestem Studium bewunderter Werke kann es doch keine *Nachfolge* geben. Das Ausprobieren von *Methoden*, von *Mitteln* bleibt notwendiges Experiment, es wird zur Gefahr, wenn *Mittel an sich* geübt, wenn sie nicht zur Vermittlung zwischen einer bedrän-

genden und *flehenden* Wirklichkeit und dem ihr stand-
haltenden und sie gleichzeitig *erlösenden* Künstler be-
nutzt werden. In der Poesie gibt es ebenso den Verlust
des Impulses wie in der Malerei. Es gibt einen Gewinn an
Technik, an Form, an Kunstfertigkeit, der den Verlust des
Antriebs begleitet. An manchen Lebenswerken ist dieser
Vorgang abzulesen. In seltenen Fällen wurde der *Antrieb*
zurückgewonnen, verbanden sich Ursprünglichkeit und
Kenntnis der eigenen Mittel zur scheinbar unwillkür-
lichen, wie natürlich wirkenden Kunstgestalt.

In einer schwierigen Phase der Suche, der *Angst*, den
für ihn richtigen Weg zu finden, beim Studium der Mit-
tel, bedrängt von unendlichen Anrufungen und Mög-
lichkeiten, sehe ich Giebe heute. (In den verregneten
Räumen unterm Dach, zwischen seinen Bildern wie ein
Unterirdischer wirtschaftend, von einer Pflicht belastet,
von einem Zwang besessen, der sich nicht abschütteln,
nicht einmal lockern läßt.)

Karl Hermann Roehricht, von der Frühreife und dem
Ernst dieses jungen Menschen berührt und beunruhigt,
sagte einmal: »Die meisten müssen arbeiten lernen,
Giebe muß leben lernen.« Aber alle Einsprüche der Er-
fahrenen nützen nichts, die Besessenheit Giebes läßt
sich nicht *kanalisieren*. Er liest, liest, Philosophien,
Kunsttheorien – seine Götter, seine Bibeln *verbrau-
chend* – letzt las er die sechs Bände Briefe van Goghs –
und er zeichnet, zeichnet, malt, malt. In dem dicken
Skizzenbuch des letzten Jahres – schönes, altes, grobes
Papier – ist manches Technik, Ausprobieren von Mit-
teln, das meiste aber seltsames Leben (»Die Menschen,

wie sie gehen, stehen, reden, jeder hat sein Geheimnis«), überstürztes Leben, gebannt.

Da wurden Anrufungen des Lebens angenommen (nicht Anrufungen der Kunst), alte Leute hat er gezeichnet, die in einen *einbrechen* beim ersten Blick und in einem bleiben als *Schuldgefühl,* als nicht mehr zu tilgende Substanz eigner Erfahrung.

Dieser junge Mann hat, über Jahre schon, Blätter und Bilder von alten Menschen geschaffen, von so einer Milde und Härte zugleich, daß der nicht aufgelöste und nicht aufzulösende Widerspruch des Lebens – zu leben und zu vergehen – uns anweint und anlächelt in einem.

Von diesem Mysterium des Lebens ist Giebe durchdrungen. Er wird sich, seine Mittel übend und sie schließlich vergessend, immer wieder überwältigen lassen, wird die reine Substanz herausheben aus den Erscheinungen, wird ihr Licht akkumulieren und es zurückverwandeln in eine andere Form von – unaufbrauchbarer – Energie.

1977

Der *Alte Arno*

Wann Erwin Strittmatter angefangen hat, Arno Mohr den *Alten Arno* zu nennen. weiß ich nicht mehr. Aber schon vor Arnos fünfundsiebzigstem Geburtstag sprach er vom *Alten Arno*. Wie er darauf kam, in *Arno* eine andere Generation zu sehen, wo der doch nur zwei Jahre älter war als er, ist mir unerklärlich. Aber so war es, und so respektierte er Arno und erwies ihm *Reverenz*, was er mit keinem anderen Menschen tat. Vom Fünfundsiebzigsten an fuhr er speziell nach Berlin, um Arno zu gratulieren. Zum Fünfundsiebzigsten gab es einen Empfang in der Akademie, aber da wollte Erwin nicht hin, er hatte eine Abneigung gegen das *Offizielle*. Deshalb machte er schon am Morgen einen Besuch (um elf war der *Empfang*) und überfiel Arno, der *gemütlich* auf seinem Balkon in der Scharnhorststraße saß und die *Berliner Zeitung* mit dem Geburtstagsartikel las … Erwin kam erheitert zurück, es hatte ihm so gefallen, wie Arno, in sich ruhend und *distanziert* vom *Tage*, da in aller Ruhe auf seinem Balkon in der Morgensonne saß und sich einverleibte, was die *Welt* ihm zu sagen hatte … Ich war in diesem Geburtstag *involviert*, ohne dabei zu sein. Erwin hatte mir abverlangt, einen *Einfall* zu haben und ein Geschenk für Arno zu finden, das einen Sinn haben und schön sein sollte. Ich fand ein Meißner Frühstücksgeschirr für zwei, das mit dem Gingkoblatt (das damals schwer, eigentlich überhaupt nicht zu haben war, damals warn Arno und seine Frau noch zu zweit, später traf Erwin den einsamen Arno), und Erwin reiste mit dem Geschirr in die Scharnhorststraße. Er fuhr auch in den folgenden Jahren, so lange seine Gesundheit es erlaubte ... In seinem letzten Jahr war er schon zu krank, und nun ist er schon sechs Jahre tot, der *Alte Arno* dagegen, den er so schätzte, ja liebte, auf den er gerührt blickte und um den er sich sorgte, hält immer noch aus, der berlinische Arno, der Erwin von seinem Traum erzählte, einen *Ausflug* nach Schulzenhof zu machen ... »Ich packe mir *Stullen* ein und was zu trinken, dann fahre ich mit der S-Bahn nach Oranienburg und dann nach Rheinsberg zu euch raus ...« Erwin hätte ihn gern abgeholt, aber es war nur so eine *Idee*; eigentlich hatte Arno keine Lust zu verreisen.

Die Rührung, die Zuneigung, der Respekt kamen natürlich von Arnos Arbeiten her. Immer wieder verblüffte er uns durch das, was er *machte*, zeichnete, später in Holz schnitt. Die Entdeckung des Holzschnitts, die Hingabe an die neue Ausdrucksmöglichkeit im schon hohen Alter! Arno schrieb von dieser Lust, von diesem Vergnügen, als er mir Drucke nach seinen ersten Arbeiten schickte. Zu meiner Überraschung kamen sie als Gruß, nachdem ich in der *Neuen Deutschen Literatur* meinen Aufsatz *Der Wanderer* veröffentlicht hatte, der sich auf Schuberts *Winterreise* bezieht. Ich war *verblüfft*, daß Arno die *Neue Deutsche Literatur* las und daß ihn mein Essay interessiert hatte, und ich war stolz auf diesen Brief, diese Gabe.

Arno hat mich weiter beschenkt (so wie er Erwin und mich im Lauf der Jahre immer wieder *gewürdigt* hatte, seine Arbeiten kennenzulernen). Nach Erwins Tod schickte er mir eine Zeichnung, auf der Erwin (so seh ich das Blatt) vorm *Horizont*, am Rande der *Erdkugel*, ins *Weltall* hinausblickend, im *Angesicht* der *Ewigkeit* saß ... Der runde Rücken, der Mann unterm Hut – ich konnte nur weinen ...

Als ich Arno zum *Fünfundachtzigsten* Erwins nach-gelassenes Buch *Vor der Verwandlung* schickte, kam ein Brief, der mir die *Herzhaut* ritzte – Worte, wie auf Wel-len übersandt – eine Zeile Notenschrift und darunter: »Nun summe ich noch leise ein Lied aus meiner Kind-heit. (Noch besser geht's auf meiner alten Mundharmo-nika)«. Und dazu das Blatt, auf dem der alte Mann mühsam, *zusammengekrochen*, die Treppe hinabsteigt, eben aus dem Jahre des fünfundachtzigsten Geburts-tags 1995. Die Handschrift schon *zitternd* (schwarze Tu-sche, scheint mir), aber die Zeichnung von einer Kraft, *absolut*!

Das band uns an Arno, so locker die Bindung in *Wirklichkeit* war: Bewunderung für seinen Weg, diesen unbeirrt gegangenen Weg zum *reinen Ausdruck*, zur von allem Zufälligen befreiten Linie, zur *Reduktion*. Die ein-zigartig unverwechselbar Mohrische Bildschrift, die *Fontanische* Menschlichkeit in dem, was er schuf – ihretwegen war der *Alte Arno* in Strittmatters inniger Liebe verwahrt, so ist er in meiner, so lange ich lebe, be-schlossen.

2000

Ankunft der Prinzessin

Die Malerin Marianne Gábor

Die Prinzessin, die ankommt, ist nicht Marianne, könnte es aber sein – Marianne hat etwas Prinzeßliches, und zwar das Preziöse der auf der Erbse – sie war zwar kein Einzelkind, aber ein jüngstes Kind, verwöhntes Kind aus großem Bürgerhaus, das Groß bezieht sich auf Geist, nicht auf Geld. Die literarische Welt, die Kunstwelt verkehrt in dem *gebildeten Haus* – der Vater ist berühmter Philolog, Poetolog – und dem bezaubernden Mädchen schreibt der Dichter Jenő Heltaí ins Stammbuch: »Wen die Götter lieben, den lassen sie ewig Kind, das immer Vertrauen hat und lacht, dem das Leben ein weicher Teppich ist, auf den er lächelnd tritt, und alles rundum ist ihm schön. Bleib auch du, mein kleines Mädchen, lächelnder Seele, rein und frisch, bleibe Kind, ich wünsche es dir von Herzen, auch in deinem Großmutteralter.«

So seltsam das ist und so unvorstellbar nach den Drangsalen, die sie in den Jahrzehnten der Jugend bestand: Sie, die nie Großmutter wurde, weil sie nie Mutter war, ist Kind geblieben – Kind, Prinzessin, Elfe, denn am stärksten in ihr ist das Elfische, das Berückende, Bezaubernde, das Seherisch Hexische …

Sie geht und steht kindlich: mit einwärts gedrehtem rechtem Fuß, hat den rührenden Gang kleiner eifernder Mädchen und das kokette Gedreh auf der Stelle, das ein mit dem Feuer spielender Backfisch angesichts eines drei Jahre reiferen Halbknaben zeigt, sie hat starkes Haar, dunkelblond, jetzt leise von weißen Zwirnen durchzogen, das lange offene Haar weht im wirklichen, oder sie wirft es in einen imaginären Wind. Ihr mageres Gesicht – die ganze Marianne scheint federchenleicht – wie von einem inspirierten Holzschneider geschnitten, die Wangenbögen kräftig, doch sanft überwölbt, Stirn kühn, Kinn reizend, aber der Kiefer stark, wie geschaffen zum Ausdruck von Willen, zum Zusammenbeißen überm Entschluß. In vier Jahrzehnten hat sie ihr Bildnis gezeichnet, gemalt, man sieht sie heranwachsen, reifen, diese Bilder sind schön und so gut, daß zwei von ihnen in die Selbstbildnisse-Galerie der Uffizien aufgenommen wurden – von Chagall hängt dort eines – nur wenige Künstler unserer Zeit haben Eingang gefunden in die Jahrhundertehalle der Maler – aber all ihre Selbstbildnisse befriedigen mich nicht, was die Person Marianne betrifft. Nie ist sie es *ganz*. Ihre Autoporträts entzücken mich als *Malerei*, aber sie kommen nicht an die lebendige irrlichternde Marianne heran, die ich bewundere und liebe. Denn zu dem seltsamen Mädchen, das die zweiundsechzigjährige, von schwerer Krankheit – seit der Kindheit von Polyarthritis – gepeinigte Marianne immer noch ist, gehören ihre Sprache, ihr hinreißend ironisches, rechthaberisch-altkluges Gerede, ihr faunisches Lachen und ihre fantastischen Versuche in Mimikry, bemühte Versuche, die Rolle der Hausfrau, der tüchtigen Wirtschafterin vorzuführen auf der Bühne ihrer traumhaften Wohnung in Budapest, die selber ein

Organismus ist: riesige Räume einer ungeheuren Villa von einst, jetzt partienweise vermietet, voller Bilder, Möbel, Erinnerungsstücke an die gemordeten Eltern, Reliquien vergangenen Lebens, verlorener Zeit … Das Kontrastierendste an der Prinzessin, aber das Wichtigste, das Entscheidende an ihrem Bild sind die Hände, starke Hände, Arbeitshände, Hände der Zauberin, die weiß, was und wie sie es macht …

Oft und oft habe ich vor ihren Bildern gestanden und versucht, das Geschlechts-Spezifische zu entdecken: das, was weiblich ist an ihnen oder was es aufhebt ins Männliche: soviel Kühnheit gegenüber Farbe und Form kann eine Frau gar nicht haben – manchmal habe ich, triumphierend, gesehen: hier verrät sich das Weibliche doch: eine Art Poesie, ein Hauch, eine Weichheit, wie sie kein Mann hat – dann aber hob es sich auf: dieser Sarkasmus beim Porträtieren, diese intellektuelle Schärfe des Sehens – so sieht nur ein Mann, der kein Mitleid kennt, nur die Wahrheit, die *sein* ist – bis ich begriff: hier war schon erreicht, was mir als Möglichkeit vorschwebt: männlich und weiblich sollten ins Gleichgewicht gebracht sein, es sollte nicht mehr gefragt werden nach dem Geschlechte des Schöpfers, es sollte nur sein: der *Mensch*, der es gemacht hat. Mich ergriff – bei einer ganz anderen Art Malerei – das gleiche Gefühl wie bei den Bildern der Paula Becker, die nie zu Recht Paula Modersohn hieß, weil sie nie wirklich Modersohns war und an diesem Irrtum, bei der Geburt des ihr nicht bestimmten Kindes, verstarb – auch Marianne nimmt diese noch seltene Freiheit vorweg, die den Frauen

möglich und einst unwillkürlich sein wird: ihr Weltver-
hältnis selbständig zu formulieren, nicht in Anlehnung
an einen oder in Partnerschaft mit einem Mann. Was die
Kunst, was den Geist, was das Urteil angeht. Die Part-
nerschaft im *wirklichen* Leben (nicht im verwandelten
Leben der Kunst), das ist etwas anderes. Marianne Gá-
bor ist ohne Mihail Rónai nicht denkbar, so wie Mihail
Rónai, der Schriftsteller, ohne Marianne Gábor, die Ma-
lerin, nicht vorstellbar ist. Es gibt solche unauflöslichen
Verhältnisse ...

Sie haben geheiratet während der schlimmsten Ver-
folgungen gegen Ende des Krieges. Beide Familien sind
jüdisch. Mihails Vater, ein bekannter Veterinärwissen-
schaftler, seine Mutter, bedeutende Ärztin, sein einzi-
ger Bruder, ein siebenundzwanzigjähriger promovierter
Jurist, und Mariannes Vater werden zusammen mit
Hunderten anderer auf einem Platz im Zentrum der
Stadt erschossen, Marianne hat mir diesen Platz gezeigt,
noch immer voll Schauder und Trauer. Nach Professor
Gábor wird heut eine Budapester Straße geheißen, ihr
Kindheitshaus trägt eine Gedenktafel für den Vater – die
große, verehrte, niemals versehrte Liebe ihrer schwie-
rigen Seele – er war der erste, dessen Porträt die Prin-
zessin – schon damals voll männlicher Kraft – mit Blei
zu Papier bringt ... Die Mutter wird nach Deutschland
verschleppt, letzte Spuren von unterwegs – dann das
Nichts. Zufällig sind Marianne und Mityú nicht in dem
Familienasyl (längst sind sie aus Haus und Wohnung
verdrängt, in denen die Prinzessin und Mityú heran-
wuchsen), als *man* kommt. Eine Odyssee, zeitlich kurz,

unmeßbar lang in der Dehnung der Angst, durch Buda-
pest folgt, Rettung durch Zufälle, Flucht von einem
Schlupfloch zum andren, schließlich Hilfe vom schwe-
dischen Roten Kreuz, dessen Vertreter, Professor Walde-
mar Langlet, ihnen durch falsche Papiere das Leben er-
hält – dann Aufatmen, die Freiheit, mit dem furcht-
baren Verlust ihrer Nächsten zu leben. Wieder Malen,
Arbeit, Marianne zeichnet und malt beim Aufbau der
von den Deutschen gesprengten Brücken über die Do-
nau, stellt aus, aber neue Drangsale kommen. Es ist Sta-
lin-Rákosí-Zeit, sie sind, auf Einladung von Togliatti, in
Italien – Mihail ist Chefredakteur einer großen Partei-
zeitung –, Marianne soll zum ersten Mal ausstellen im
Ausland; als sie zurückkommen nach Budapest, werden
sie verdächtigt, Parteifeinde zu sein: Kosmopoliten,
Formalisten – Feindschaft, Haß, Ausstoß aus jeder Öf-
fentlichkeit über Jahre und Jahre, keine Rechtfertigung
möglich, nur durch Glück Überleben. Marianne ernährt
Mityú und sich mit dem Kolorieren von Stichen, der
und jener läßt sich von ihr, die schon als Studentin die
Preise gewann und als *Verheißung* der ungarischen Ma-
lerei galt, *unentgeltlich* porträtieren. In all diesen Jahren
wächst, Bild um Bild, Schicht um Schicht, das *Werk*.
Man sieht es, mit Erschütterung, versammelt. Vor zwei
Jahren in Budapest, in der Nationalgalerie auf der Burg.
Zu ihrem sechzigsten Geburtstag kamen die Ehre, der
Ruhm mit solcher Vehemenz, daß die liebe Marianne
ein wenig schwankte. Kein lebender Maler hatte bisher
eine solche Ausstellung gehabt. Säle um Säle – ihr Lebens-
werk (das sie zusammenhält, von dem sie am liebsten

kein Stück und wenn doch, dann möglichst nur an Museen, verkauft). Erste Zeichnungen: der Vater; ein alter Hausierer, Kohlezeichnung der Vierzehnjährigen, ein Kopf von solcher Wildheit, solchem Ausdruck und Ernst – das konnte unmöglich die Arbeit eines Schulmädchens sein! Aber so war es, und das Staunen blieb immer, dieses Sagen: das kann doch nicht sein – wie man Schritt für Schritt, Bild auf Bild, Blatt neben Blatt, Raum nach Raum ihrem künstlerischen Weg folgte, der Radikalisierung der Sicht, der Vereinfachung überkommener Malweisen zu einer Bildschrift, die nur noch ihr eigen ist. Wie jemand aus dem in seiner Epoche gelehrten Buchstabenbild durch Zusammenziehen von Linien und Bögen *seine* Schrift macht, so hat sie, nach nichts und niemandem fragend, *ihre* Bildschrift erfunden, Figuren nur noch als Striche gegeben in großen Bildern und immer tiefer auf die Atmosphäre der Szene hin gemalt, bewegte Luft, bewegtes Licht, in dem auch Stehendes sich zu bewegen, zu schweben scheint, bei dem die Entfernung vom Bild wie ein Zauberbann wirkt, umgekehrte Kaleidoskopwirkung: je weiter man zurückgeht, desto zauberischer werden die Bilder.

Diese verschmitzte, ironische Marianne sieht Menschen in Situationen und malt sie, scheinbar nur sie, und staunend steht man am Ende vorm Bild, das viel mehr ist als Abbild: Symbol. Welch tief symbolische, meditative Wirkung in zwei scheinbar ähnlichen, aber wie Welten verschiedenen Bildern: Menschen vorm Meer. Beide Male von rückwärts gesehen, einmal eine einzelne Frau mit gelbem Hut, und schneidende Einsamkeit fällt

einen an, das ganze Leben der Frau scheint einem faß-
bar: schrecklich, allein zu sein und schon alt und ans
Meer zu reisen in der Hoffnung, die Einsamkeit zu
durchbrechen, eine Nähe zu finden zu anderen oder
– vielleicht doch nicht unmögliches Glück – zu *einem*
anderen Menschen. Rührend und komisch diese Gestalt
mit dem grellgelben Hut – ganz Hut, diese Frau – und
existentielle Pein greift uns an, denn auch wir könntens
sein, verlassen und alt und um Jugend bemüht und dem
Ungeheuren, das uns nicht kennt und nicht tröstet,
gegenüber. Auf dem zweiten Bilde des gleichen Formats
zwei Menschen vorm Meer, fühlbare Nähe und über
dem weißlichen Meer, in der weißlichen Luft eine weiße
Wolke, mit fliederfarbenem Striche umrandet: *so* ist das
Glück, keine Leere, Verheißung; die Kühnheit des Stri-
ches, mit dem Marianne die Wolke ummalte, ist Anru-
fung, unübersehbar, unüberhörbar, denn man kann Far-
ben und Formen auch hören … seht her, es ist möglich,
wenn ihr zu zweit seid, euch habt und steht so dem Un-
endlichen gegenüber, dann seid ihr im Glück, es steigt
vor euch auf, fliegt euch entgegen …

Ich habe Marianne niemals gefragt, was sie da gemalt
hat, wie und warum sie es so und nicht anders gemalt
hat. Ich habe nur vor den Bildern gestanden, oft, immer
wieder, sie leben in mir, ich lebe mit ihnen. Das erste
Mal sah ich sie 1973 im Mai in der Csók-Galerie im Zen-
trum von Budapest, als es sich zufällig fügte, daß Erwin
Strittmatter und ich zur Ausstellungs-Eröffnung im
Lande waren, weil wir eine Lesereise durch Ungarn
machten. Erstes Bestürztsein vor der Kühle und Hitze

der Bilder meiner Freundin Marianne, die ich kannte seit 1959, persönlich, aus Briefen seit 1953, als Erwin Strittmatter, zum ersten Male in Ungarn, Marianne und Mityú im Haus des Schriftstellerverbandes am Balaton, im Nachtigallenort Szigliget, traf. Einer der Menschenfreunde, die es auch in schlimmen Zeiten gibt, hatte den beiden, noch immer ins Abseits Gedrängten, Plätze im Schriftstellerheim verschafft. Die ersten Gespräche mit Strittmatter waren fast konspirativ, er war der erste Deutsche, mit dem sie – und auf deutsch, das beide seit der Kindheit vollkommen beherrschen – wieder sprachen. Bis 1973 hatte ich nur zwei kleine Aquarelle von Marianne gesehen, die sie uns schenkte, und Bilder, schwarz-weiß, in Katalogen, die sie von ihren, seit Anfang der sechziger Jahre regelmäßigen, Ausstellungen in Italien und Frankreich freundschaftlich schickte, Ausstellungen unter ihrer männlich-kräftigen Signatur Gábor. Nun, 1973, sah ich, was für ein anderes Leben das war, Farbe. Sie lebt in der Farbe, die in ihren Bildern zunehmend wirkt wie verdampft, wie verflüchtigt zu Luft und zu Licht. In der Csók-Galerie, 1973, waren es Stunden, die ich bei ihren Bildern verbrachte. 1978 im Januar fuhr ich hinüber nach Budapest, um Mariannes große Ausstellung auf der Burg anzusehen – fünf Tage für nichts als die Bilder, einziges Ziel meiner Reise, wir waren zu dritt, Marianne, Mityú und ich, jeden Tag auf der Burg, ich wurde schon *heimisch* im alten Gemäuer, sah Marianne mit ihren Besuchern, doch auch mit den Beschließerinnen des Museums, alten Frauen, gehalten gegen Marianne, die ebenso alt war wie sie, für die sie aber das Kind blieb, die Prinzessin, Märchengestalt, der man lächelte, zärtlich, und die ihnen zusprach, wohlerzogen bei ihnen stand, in der kindlichen Haltung, mit einwärts gedrehtem Fuß, in der Hüfte zierlich geknickt, die Spinnentaille nach hierhin und dahin gedreht, das Haar fliegend im Wind der eignen Bewegung, und dazu ihr Girren und Wispern mit den ältlichen Frauen, die auf sie schauten wie auf eine Erscheinung … Und über allem die Bilder, die ich auswendig lernte: Ankunft der Prinzessin, von der Prinzessin gemalt, ein Märchen, scheint es, aber die Bildunterschrift ist nicht vollständig, unterm Titel steht »Filmszene« – und sie hat wirklich gemalt, was sie sah – ein Film wurde gedreht, sie hat drauf geschaut, diese Szene gesehn, banale Szene, auf Täuschung bedacht, jeder weiß, daß da Kameraleute, Beleuchter, Kostümbildner, Leute für Maske, für Ton und Technik herumstehen, daß der Regisseur durchs Megaphon die Figuren dirigiert, verhalten, wenn er ein beherrschter, schreiend, wenn er ein neurotischer Mensch ist. Aber von alledem nichts – ein Traum aus Nacht, Geheimnis, Düften und Licht – Laternen beleuchten die Anfahrt, weiß ist ihr Licht, die Kandelaber sind schwarz – und das Ganze von Gold übersprüht – so ist die Wirkung: Märchen und Zauber. In der Bild-Wirklichkeit ist von allem nichts da – ganz karg ist das Bild – der braune Untergrund des Kartons, ordinärster Preßpappe, ist genutzt, dahinein hat sie fünf gelbe Bogenfenster gesetzt, zwei Laternen an der Fassade, schwarz-weiß, in der Mitte des Bildes, wie *gedacht*, Kutsche und Pferd, drei Figurengruppen in Schwarz, aus je vier Strichen gemacht, die Prinzessin ein weißer Tüllhügel, Gekrakel über den stehenden Figuren: weiß – grau – braungelb, weiß-grau-schwarz, und tritt man zurück, ist es wieder ein Märchen.

So aus Ahnung sind all ihre späten Bilder gemacht: die Oper von Rom mit ihren fünf Rängen, die Kirche St. Marco, Venedig im Regen, das Silbermeer – mit jenem Zeug, das man zum Einstreichen von Ofentüren benutzt, auf einen dünnen gelblichen Untergrund *hingefühlt* – eins ihrer feenhaftesten Bilder –, ich mußte umlernen, als ich Mariannes Bilder begriff. Was ich bei anderen Malerfreunden gelernt hatte: daß das Material der Arbeit (die Qualität der Malgründe – abgelagertes edles Holz – Präparierung nach Geheimrezepten mittelalterlicher Maler, Pigmentqualität und fachgerechte Fixierung) den Wert von Malerei entscheidend bestimmt, galt bei Mariannes Bildern nicht mehr. Und sie lacht drüber. Vielleicht ist es weiblich, daß sie sich keine Gedanken macht um Dauer und Nachwelt (»Sollen sich doch die Restauratoren drum kümmern«, sagt sie); das Bild, die *Vision* hat damit nichts zu schaffen. Und wirklich: wenn ich überdachte, wie viele vorzüglich gemalte schlechte Bilder es gibt – so wie es Tausende nach klassischen Kanons, etwa nach der Sonettform, korrekt gebaute schlechte (weil ohne Leben und Beben gemachte) Gedichte gibt, mußte ich beistimmen. Das wahre Bild ist etwas anderes als Handwerk, ist vor allem Vision, die kann *hingewischt* sein mit ein paar Strichen. Natürlich beherrscht Marianne das *Handwerk*, hat es jahrelang und fleißig studiert, sie zeichnet vorzüglich, und sie ist unablässig am Zeichnen, Skizzieren, Fangen von Szenen, Figuren – ihre manchmal nur briefmarkengroßen Skizzen enthalten aber oft schon die ganze *Vision*, von ihren schönsten Bildern gibt es vollkommene Entwürfe im Zwergenformat. Die kapriziöse Marianne, die sich schwertut mit den alltäglichen Dingen, die sie (die Prinzessin, die Bürgertochter, die mit Bedienung, mit *Personal* aufwuchs und keine Belastung gewöhnt war) bewältigen muß, um wie alle Leute zu *existieren* – diese verspielte Person ist immer bei ihrer *eigentlichen* Arbeit. In diesem Sommer, als ich in Budapest war, um die Bilder für die Berliner Ausstellung mit auszuwählen, verblüffte und beschämte sie mich. Den Winter über und schon seit dem vorigen Sommer war sie so krank – furchtbare Schmerzen von der Polyarthritis, höchste Tablettendosierung, kaum fähig, sich zu bewegen –, und ich dachte, sie hätte die ganze Zeit nicht arbeiten können, aber es kamen zum Vorschein Hunderte Skizzen und eine Serie neuer, noch stärker *verdichteter* Bilder; ich war bestürzt über den Irrtum – schließlich hatten wir oft telefoniert, und sie hatte mir immer erzählt, wie elend es ihr erging – und ich war beschämt, weil ich mich, was meine *Arbeit* betraf, oft gehenließ und abhalten von vordergründigen Dingen, die mich lustlos machten, unfähig zum *Flug* in die Poesie …

Es gibt wenige Frauen, die ich bewundere. Marianne bewundere ich mit Entzücken. Dankbar nehme ich an, wenn das *Leben* mir zeigt, was möglich ist in der Umgrenzung einer Existenz. Die *Umgrenzung* ist aus so vielem zusammengesetzt: Herkunft, Bildung, Nation, persönlichstes Schicksal, politische Läufte. Geschlecht nicht zu vergessen. Wir Frauen tun uns schwer, als das erste, das erste, das erste die Arbeit, das *Werk* anzu-sehen, an ihm zu bleiben, es aus uns herauszutreiben, Jahr um Jahr, Leben um Leben. Zu vieles lenkt uns ab, dient uns als Alibi für halbe Leistungen, für halbe Er-füllung. Deshalb meine Bewunderung für Marianne, meine Gleichstimmung mit ihr, meine Anlehnung an sie, die zwar älter ist als ich, aber soviel schwächer scheint – ich bin von anderem Schlag, bäuerlich-stark –, aber sie macht mir vor, daß es möglich ist, eigen-willig und eigen-sinnig, verschmitzt und listig die Welt zu se-hen und in ihr zu gehen auf Wegen, die niemand vorher gewahrte, am Abgrund entlang, wenn es sein muß.

1980

Der Wanderer

Franz Schuberts »Winterreise«

Für Hans Joachim Kynaß

Weil ich von meinen Schwächen schreibe, halten mich Leute für stark und lehnen sich an mich: Gedichte und Briefe. Anlehnen kann man sich auf zweierlei Art. Man kann sich mit dem *Kreuz* gegen einen oder an etwas stellen und so seine Haltung stützen, man kann aber auch Bedrückung verbergen, indem man sich beugt und birgt an jemandes Brust ... So nehmen Menschen das gesponnene Nichts, beliebige Worte eines beliebigen Menschen, in Anspruch – wenn die Worte vom flüchtigen Vor-Sich-Hinsagen in *Form* überführt, wenn sie aufgezeichnet sind ... Mancher läßt mich diese Halt-, Lehnen- oder Weiser-Funktion erfüllen, wie ich aus Briefen und aus Gesprächen weiß – die Leute baun mir ein Bild von mir auf, das mit mir, wie ich bin, nichts zu tun hat (eben jene Verwechslung: Wortverfestigung von Schwäche gleich Stärke: einer hat ein Substrat aus seinen Zweifeln, Irrtümern und Niederlagen gemacht, hat also, so schließt man, Erkenntnis seiner Person, Einsicht in seine Lage und Kraft, sie zu sagen ...). Die Leute irren, was *Stärke* betrifft, aber auch wenn ich mich nicht mit dem Bild identifiziere, das man sich von mir macht: ich würde mich im *wirklichen* Leben an niemanden lehnen, weder in dieser noch in jener Haltung, nicht, um mein Kreuz zu stärken, nicht, um mich auszuweinen an eines anderen Menschen Brust ...

Aber natürlich habe auch ich, wachsend, das Bedürfnis nach Halt, nach Verständnis, nach Trost, nicht nur, weil ich älter werde und *Zeit* immer mehr den Geruch und Geschmack von Vergängnis annimmt. In jähen Augenblicken sehe ich mich und meine Gefährten, wie wir sind, nicht, wie wir uns scheinen, und es ist mir leid um uns und ums Leben, das, aufs Ganze gesehn, soviel Mühe vielleicht doch nicht wert war – wieviel Anstrengung in nun schon Jahrzehnten, Pflicht und Übung und wenig gelebt aus Freude am Leben. Und aus den Altersgesichtern meiner Lieben und Freunde sehn mich ihre Kindergesichter an, sie sind alte Kinder, nichts weiter, auch ich bin nichts andres, und es gibt *visionäre* Momente, wie neulich, eines kalten Abends Anfang Oktober im Zirkus, da sah ich das Leben *gerafft*, in all seinem Wandel: Kinder in heißem Eifer, jener hüpfenden Freude, die ich von meinen, als sie noch klein warn, am Leibe erfuhr – wie lang nun schon her –, und die *maskierten* Kinder, Erwachsne, die steif und verständig dem Gauklergeschaukel mühsamer Akrobaten, den Alfanzereien schäbiger Clowns und dem von der einzigen reinen Jugend des Abends in weißen Seidengewändern schwerlos getanzten *Pas de deux zu Pferde* zusahn – auch in der Manege, wie viele Stadien Lebens, bis zum Verfall – ein Augenblick (der Schwäche, mag sein), in dem ich *Vergängnis* so fühlte, daß es mir leid war ums Leben zum Weinen –, aber ich saß da wie die anderen Alten, *gesetzt*, und *bemerkte* mit angenommenem Sachverstand: »Die Tiger sind gut!« Halb bewußt aber prägte ich mir ins Schriftstellerhirn den Tänzelschritt des wie ein Komparse wirkenden Bestien-Bändigers, dem der Regisseur durch strähnige Langhaar-Frisur, entblößte Brust und eben das hölzerne Tänzeln, aus dem er keinen Augenblick fiel, ein *Ansehn* zu geben versucht haben mochte … Mager der Kerl, marionettenhaft eckig Gesicht und Bewegungen, und auch er tat mir leid, wie ein Sohn, der nicht wurde, was man einst hoffte, was man glaubte von ihm, als er klein war und schön …

Eigentlich rede ich von Musik, denn woran ich mich lehne in Lebenszweifeln und Kümmernissen, ist Musik – nein, nicht Musik, ist eine Gestalt aus Wort und Musik, ist der *Wanderer*. Mit ihm bin ich freund, er kennt mich, ich kenne ihn, ich kann ihn rufen, er kommt, wann ich will, er hat keine Aufgaben, keine *Termine*, keine anderen Freunde als mich. Er hat *abgeschlossen*, ist abgeschlossen, ein für allemal, und ist doch auf dem Weg, immer, wenn ich ihn rufe, beginnt er die Wanderschaft neu mit dem Schrei der Qual, des Verstoßen – Verratenseins, des Verlustes auf immer … »Fremd bin ich eingezogen …«

Ich sitze in meiner Stube in Schulzenhof, am liebsten im Zwielicht des Abends, aber es war auch schon Nacht oder heller Morgen, ein Sonntag im Winter, wenn er seine Wanderung begann, in mir, außer mir, wo eigentlich geht er? Ich habe die Preßscheibe auf den Plattenteller gelegt, die Mechanik bedient – Wunder der Technik, nicht genug zu preisen wegen dieser Möglichkeit, eine Musik herbeizurufen, wenn man sie braucht –, und ich sitze da und sehe in Novemberfinsternisse hinaus und warte auf *meine* Stellen und bin gewiß, sie werden kommen und ihre Wirkung vollbringen an mir … »Eine

Krähe war mit mir aus der Stadt gezogen ...«, »Ich bin zu Ende mit allen Träumen ...«, »Drei Sonnen sah ich am Himmel stehn ...«

Das ist willkürlich notiert, nicht gewählt, es gibt mehr *Stellen*, Bruchstellen, an denen das *Ungeheure*, von jenseits des Sagbaren, einbricht, und es gibt das Ganze, als ein Ganzes gemacht vom Dichter Wilhelm Müller aus Dessau, im Stil der Zeit und doch über der Zeit: vierundzwanzig Gedichte »Aus den hinterlassenen Papieren eines reisenden Waldhornisten« – die Literatur Anfang des neunzehnten Jahrhunderts ist voller *fiktiver* Papiere, quer über Europa bis hin nach Rußland, auch Puschkin gibt »Erzählungen des verstorbenen Iwan Petrowitsch Belkin« heraus.

Wegen Puschkin habe ich mich mit der *Epoche* befaßt und durch Literaturen gelesen; was um Achtzehnhundert geboren ist und bis Mitte neunzehntes Jahrhundert reicht, geht mich an, erst war ich erstaunt, dann entzückt zu entdecken, wie eng *Weltliteratur* zusammenhängt, wie dieser von jenem zehrt ... Natürlich ist das auch heut so, man könnte *Strömungskarten* zeichnen, nicht nur für Europa, jetzt wirklich – dem alten Begriffe gemäßer – für Welt ...

Da hatte also dieser Bibliothekar aus Dessau, der schon die Lieder des armen Müllerburschen gemacht hatte, wieder einen Roman in Gedichten erzählt, die ersten zwölf waren achtzehnhundertdreiundzwanzig im Leipziger Almanach »Urania« erschienen (im Jahr, als Schubert dem Müllerburschen die Singstimme gab), aber die »Winterreise«-Gedichte fand Schubert erst achtzehnhundertsiebenundzwanzig im Februar, einen Monat vorm Tode des glühend, aber schüchtern (also von ferne) verehrten Beethoven, den man auf dem letzten Kranken-lager mit dem Studium Schubertscher Lied-Kompositio-nen von den Qualen der Wassersucht abzulenken ver-suchte und der den jüngeren Musiker, nach Einsicht der *Unterlagen*, als Mann der Zukunft *absegnete* ... andert-halb Jahre später wird man Schubert, nur durch einen Platz von ihm getrennt, neben Beethoven begraben ...

Im Frühjahr achtzehnhundertsiebenundzwanzig, un-term Eindruck von Beethovens Krankheit und Tod, die erste Hälfte der »Winterreise«, im Herbst achtzehnhun-dertachtundzwanzig – Oktober-November – nach einem Sommer bei den Musikfreunden von Graz und Umgebung, einem Sommer der Freude, des Glanzes, der Ehre –, ist Schubert wieder in Wien und *verklammt* von der Atmosphäre der Stadt, die ihn nie heiter gestimmt hat, weil sie ihm niemals günstig gesinnt war (ein kleiner Kreis von Freunden, das ja, aber nicht, was man *Stadt* nennt), und er ist krank und findet die zweite Hälfte der »Winterreise«, die anderen zwölf Gedichte, in den »Deutschen Blättern für Poesie«, und setzt die Wande-rung fort, die er im vergangenen Frühjahr begonnen hatte, denn es ist *seine* Wanderung, eine sehr andere als die musikalische Reise des Sommers. »... eine Straße muß ich gehen, die noch keiner ging zurück ...« Freunde berichten, er sei düster gestimmt, sei von der Arbeit *mit-genommen* gewesen und habe gesagt: »Ihr werdet sehen, ich mache da etwas ...«, und er hat es *gemacht*, so sehr, daß man dann sagte: er ist dran gestorben.

Als Wilhelm Müllers Zyklus geschlossen im Druck erscheint, ist die Anordnung der Gedichte anders als in Schuberts Vertonung, aber nichts läßt sich mehr umstellen, nichts herausbrechen, das ist gefügt für immer, für alle Zeit.

Nur wer selber schreibt, komponiert, malt, kann die *Wahl-Freiheit* ermessen, die dem Künstler, trotz *Epochen-Stimmung*, ethischer wie ästhetischer, immer verbleibt, nur ein *Ausübender* wird sich wundern und wundern, wieso einer grad das gemacht hat, was er gemacht hat und das in diesem Moment. Immer gibt es Tausende – wenn man bescheiden denkt – Möglichkeiten, eine Sache zu sagen, zu beginnen, zu enden. Wieso also grad so?

Warum entflammte der Funke, der dem von der Romantik nicht *wiederentdeckten*, sondern für Bildung und höhere Kultur überhaupt erst entdeckten Volkslied entsprang, gerade diesen Bibliothekar in Dessau so rein, daß er die Geschichten der heimatlosen Wanderer erzählen konnte wie ein Schenkensänger vorm Volk, genau und von Herzen zum Herzen? Der Müllerbursche, der sich so hoch *verstiegen* und auf die Liebe der Meisterstochter gesetzt hatte, zu der als Mitgift Mühle, Bach und Heimat gehörten, und jener aus der Schneedämmerung auftauchende und im Schneenebel verschwindende Fremdling, von dem wir nichts kennen als das wütende Herz, sie sind jedermanns Bruder …

Die Wendung zum Volk hatten in der Zeit, die wir die *romantische* nennen, viele gemacht, aber wenigen gings aus, bei den meisten bliebs schwächlich, gekünstelt, *lar-*

moyant, klang falsch vom Grunde der Seele. Dieser hier, bekannt als »Griechen-Müller«, hat *hochpolitische*, dem Freiheitskampf gegen die Türken gewidmete Gedichte geschrieben, voll *hehrer* Empfindung – »Byrons Totenklage« und anderes mehr –, aber nichts von den ideologisch verdienstlichen griechisierenden Langzeilen-Versen ist drüber geblieben, nur das gemütlich Deutsche der »Müller-Lieder« und »Winterreise«, gemütliche von Gemüt, das fühlt, was es denkt, und denkt, was es fühlt, Tod und Leben und, leider, die Liebe …

Die Gelehrten erklären die »Winterreise« allegorisch, sie sagen, da wird keinesfalls die Geschichte einer verschmähten Liebe erzählt, nichts von der eifersüchtigen Verzweiflung eines anderen Handwerksburschen – Handwerksbursche muß er nicht sein, es gibt kein Indiz, das drauf weist, er könnte auch ein armer Studierter, ein Lehrerlein sein, man weiß, was für Schlucker das waren, man kennt die Jugendkarriere von Jean Paul Friedrich Richter und anderen mehr. Und so einer, ein junges *Genie*, könnte bei einer Bürgerfamilie *eingewohnt* und sich Liebe und Ehe eingebildet haben, bis es *ernst* wurde und *krachte*, weil der Ruf des Mädchens zu Schaden zu kommen und ihr *Marktwert* zu sinken drohte, und er *hinausflog* in Nacht und Kälte und Schnee … Aber nicht das wird erzählt, sagen die Gelehrten, nicht die unfreiwillig-freiwillig wütende Flucht des verratenen Liebhabers ist Gegenstand der Gedicht-Geschichte, sondern Enttäuschung über die politischen Zustände jener Restaurationszeit nach den Befreiungskriegen, die in Österreich von Herrn Metternich repräsentiert wird. Wie die Preußen grad hießen, ist mir entfallen, aber man weiß, was geschah: Heilige Allianz und so weiter, Zensur, Verfolgung jedes halbkritischen oder auch nur geistesmunteren Wortes, die Welt war die beste aller, und ein Hundsfott, wer ein Haar fand in der vaterländischen Brühe ...

Das alles kann ich wissen und weiß es auch, zu meinem Vergnügen und Mißvergnügen, jedenfalls zu meiner Belehrung über die Läufte der Zeiten – so wie ich weiß, daß der Schubert seine Lieder nicht verkauft kriegte, daß er von der »Winterreise« nur den »Lindenbaum«, jenes urdeutsche »Am Brunnen vor dem Tore« (aber Schubert war Österreicher!) um einen Gulden *absetzen* konnte ... Ein Vierteljahrhundert später bauten Musikverleger sich Schlösser aus diesen Liedern, sie konnten in Equipagen einherfahren, weil sich der Fremdling der »Winterreise« mit so absoluter Verzweiflung und Freiheit in Felsenklüfte und Finsternisse gestürzt hatte, daß jeder Fühlende oder zumindest jeder sein Gefühl bildende Mensch die *Katharsis* dieses musikalischen Weges erleben, also die Noten kaufen mußte – damals die Noten, denn man spielte und sang überall, zum Teil hervorragend, die *Dilettanten* aus Adel und Bürgertum standen Berufskünstlern kaum nach – wegen *noch nicht entwickelter Technik* mußte man selber Musik machen – pikanterweise war es ein Baron Schönstein, Freund der Esterházys, bei denen Schubert in Notzeiten immer mal wieder Musiklehrer war, der die Lieder vom armen Müllerburschen zum ersten Mal sang.

Lebensgeschichten wie die Schubertsche sind exemplarisch *erkenntnisvermittelnd*, wenn sie gewissenhaft rekonstruiert, wenn Dokumente beigebracht werden und kein schöngeistiger Schaum um die *nackten Tatsachen* geschlagen wird, wenn aus dem dicken, manchmal recht dumpfen Schubert nicht *der Franzl* gemacht und das zwangsweise monströse Wesen des Künstlers nicht aufs Puppenmaß der Operette (die es auch in epischer Form gibt) gebracht wird.

Und hätte er nichts anderes in sich gehabt als die Liedbegleitungen und die Vor- und Nachspiele der »Winterreise« – er wäre schon so *inkommensurabel*, daß man ihm mit Worten nicht beikommt. Wohl kann man sagen: dann und dann war er da und da, mit dem und dem, dann und dann hat er das und das gemacht – aber *was* das ist, wieso das *ist* auf der Welt, und wieso es *in* ihm sein konnte, weiß niemand.

Musikwissenschaftler zählen Leitmotive, deren Wiederholungen und Abwandlungen aus, verdienstlich, aber das beweist nichts. Es hätte eben auch anders sein können … Ich kann einen stummen Satz schreiben und einen Schrei hineinstellen, der nicht endet, oder zwischen zwei Worte einen leeren Raum setzen, der schmerzt wie eine nie heilende Wunde … Vielleicht will ich das, vielleicht muß ich es, die Qual einer Nacht, in der ich fürchte, daß ein Freund den Morgen nicht überlebt, bringt mich dazu. Solche Qualen und Höllen, eben die, von denen einer dem andern nicht sagt, sind in Schuberts »Winterreise«-Musik – Qualen der Angst, Höllen der Krankheit – jener *Genie-Krankheit* des neunzehnten Jahrhunderts, die pauschal die *venerische* hieß und in Biographien lange verschwiegen wurde, obwohl viele junge Leute sie hatten, nicht immer mit Spät-Folgen wie der so poetisch benannten *Geistesumnachtung* – die meisten wurden nicht alt genug oder hatten es harmloser, aber als Schubert »Baches Wiegenlied« schrieb und »Der Himmel da oben, wie ist er so weit«, jene gläserne Schlußzeile der »Müllerin«, im dreiundzwanziger Jahr, hatte er die Krankheit *gefangen.* Die seraphischen Strophen von Liebe und Tod komponierte ein Mann, der mit Quecksilber *kurte* … Man schiebts auf den Umgang, auf Franz von Schober, den schlechten Freund, aber wo hätte Schubert ein Weib hernehmen solln? Heiraten konnte er nicht, seine Musik machte sich nicht bezahlt, die Hoffnungen auf einen Verkaufserfolg der Goethe-Lieder durch eine genehmigte Widmung an den Geheimrat in Weimar erfüllten sich nicht, weil der Geheimrat nicht reagierte, aber wer wills Goethe verdenken, zuviele kamen mit ähnlichen Wünschen, und von Musik verstand er nicht viel, so wenig wie er von Malerei verstand, trotz aller ausschweifenden Theorien; was das Alte anging, griechische Plastik, das ja, aber es ist und bleibt schwer, das Neue zu billigen, das doch, was immer man sagen mag, ungewohnt ist, bis man sich eben gewöhnt …

Und Schuberts Musik ist für viele heute noch *schwer*, auch ich erinnere mich an die Einhör-Zeit in jenem Jahr, als ich die Doppel-Platten-Kassette kaufte, die mir so teuer, weil unersetzbar ist, die historische Aufnahme der »Winterreise« mit Peter Anders und Michael Raucheisen, neunzehnhunderteinundsechzig gepreßt, vorzüglich ediert, mit beigegebenem Textbuch, mit Biographie, Darstellung der musikalischen Leitmotive, Porträts von Wilhelm Müller und Schubert –, gezeichnet von Schnorr von Carolsfeld und Moritz von Schwind – und mit den bestürzend zur »Winterreise« stimmenden Reproduktionen von Bildern Caspar David Friedrichs, der damals noch nicht *wiederentdeckt*, sondern eher *suspekt* war ...

Wie immer, wenn Schubert auftaucht in einer Edition unseres Landes (und nicht nur des unsren) ist Harry Goldschmidt genannt, Kenner des Werkes und Kommentator von Schuberts Biographie, der den Dichtern *Konkreta* liefert zur *Spekulation* ...

Bis neunzehnhunderteinundsechzig kannte ich nur den »Lindenbaum«, den wir in der, auf die Melodie der ersten Strophe, vereinfachten, Fassung sangen, den die alten Dorffraun meiner Kindheit mit brüchigen Stimmen kreischten und Großväter brummten – vielleicht kannte ich doch etwas mehr, hatte in musikalischen Bürgerhäusern der Kleinstadt, in der ich heranwuchs, das Ganze oder wenigstens Teile gehört, ich weiß es nicht mehr, aber wahrscheinlich ists nicht, entsinne ich mich doch genau jener Schumann-Heine-Lieder, die ich im *Hause Beythien*, das eins der musikalischsten Neuruppins war, im Jahr sechsundvierzig erlebte – wie auch immer: meine Freundschaft mit dem Fremdling, dem *Wanderer*, begann neunzehnhunderteinundsechzig.

Damals warn meine Kinder noch klein, wir bewohnten das winzige Kätnerhaus in Schulzenhof, und ich versammelte die Kinder in der Dämmerung in meinem neun Quadratmeter großen Zimmer, das ein Fenster hatte zum Bach und zu den Weiden am Bach und zum Wald und zum Mond, der überm Friedhof heraufkam frühabends im Winter und Herbst ... Trotz des heiteren Lebens um mich her, trotz der kleinen Kinder, die ich liebte, wie sie mich liebten, war ich in Lebensunsicherheit. Ich war *Zentrum* der Familie, *Herd* des Hauses, aber ich war in *Wanderer-Stimmung*, es trieb mich – ohne andere Not als die erst ahnbare Sucht der Dichter, zu *schweifen* – hinaus, ich wollte fort und wollte doch bleiben, und der Wanderer machte sich stellvertretend für mich auf den Weg, er führte mir vor, sang mir, welche Schlüfte und Klüfte die Pfade der Freiheit halsbrecherisch machen und wie in Kälte und Dämmernis Hunde den *Fremdling* verbelln ...

Zwanzig Jahre gelebten Lebens haben mein *Verhältnis* zu ihm gewandelt, nun wandert er nicht mehr stellvertretend für mich, begleitet von meinem Gefühl: und wenn auch, was ihn treibt, Leid ist, Verstoßensein, Jammer, er ist unterwegs in der *Welt* (und ich sitze hier, wo *nicht* Welt ist) – inzwischen war ich *draußen* und habe versucht, wie das schmeckt, ohne Bindung zu sein (eine Weile, mit schmerzenden *Fühlern* nach Haus) – das Leben hat seinen Bogen gezogen, als Bogenbahn einer Kugel erscheint es mir heute, und längst ist der Punkt ihres *Abfalls* erreicht – ich bin mir soweit klar über mich und einverständig mit meinem Lebensgesetz, daß ich mich nicht mehr mit allem *vermische*, mich nicht hineinbringe in jede Kunst – oder Wirklichkeits-Konstellation, nun kann ich ihn *rein* sehn, unbelastet von mir, jetzt ist er mir wirklich *Gestalt,* und seine Schöpfer sind mir Gestalten …

Wenn die Musik *geht,* sind sie versammelt in meinem *Imaginären Theater:* Jedem sein Stolz, jedem sein Schmerz und ihrer aller Ausdrucksgewalt, Leidenschaftssprache, Sprache vor der Erfindung der *Konvention* …

Es hat aber eine Übereinstimmung der *Frequenzen* gegeben bei Müller und Schubert, die von Persönlichstem ausgegangen sein muß. Wenn man die Menge Lieder heranzieht, die Schubert auf Texte seiner nächsten Freunde gemacht hat und die doch nur wirken wie in Tönen *illustriert,* fällt die Radikalität der einheitlichen Sprache besonders auf, mit der die »Winterreise« erzählt ist. Zwar, in der »Müller-Geschichte« beginnt es, es gibt Schmerz-Stellen synchroner Wort- und Musik-Stärke – Sturz vom Täuschungsrausch in Verzweiflungsstarre –, aber im Ganzen ist dort Gefühl *moderiert,* vom Dichter moderiert und so auch in der Musik.

Die Geschichte des Müller-Burschen ist schrecklich, schrecklicher als die *ablesbare* des Wanderers der »Winterreise«, denn sie endet mit Tod, aber der Tod bringt auch *Befriedung, Auflösung* des zeitlichen Jammers ins ewige Element der Bewegung: ins *Wiegen* des Baches, der die Stimme übernimmt nach dem Tode des Helden, der für ihn, mit ihm, über ihn und der ihm Recht spricht gegen das Mädchen. Vollkommener Ausgleich in Wort und Musik, in dieser Harmonie ließe sichs sterben: nichts mehr als fließendes Licht …

Anders der Schluß der »Winterreise« – schwarze Worte, schwarz wie die Gestalt des bettelhaften Leiermannes im Schnee, und kein Ende –, der *Wanderer* zieht weiter in Öde und Kälte, entschlossen zu sprechen, zu schreien, denn das ist kein Gesang mehr, im Sinne von was man Gesang nennt, Schuberts Musik machts vor allem, daß die Lieder, von denen die Rede geht, keine Lieder mehr sind, was da kommen wird, wozu der barfüßige Alte die Leier drehn soll, werden keine Gesänge mehr sein, sondern nur noch ein Heulen …

Beide Geschichten, so die »Müllerin« wie die »Winterreise«, erschließen sich nur her von ihrem Ende … Und wenn man der Geschichte des Müller-Burschen singend etwas rührend Versöhnendes, eine Feinform der Technik und von Ausdruck beigeben kann, kann man den *Wanderer* eher ohne Stimme lassen, als ihn mit perfekter Kunst zu *verfremden* …

Keuchende Qual, schneidender Grimm, Vorwärtsschleppen in wegloser Schneewelt – man muß es *bekennen*, muß die Technik vergessen machen, mit der man singt. Wehe, der Hörer – der ja der Mit-Lebende, Mit-Leidende des *Wanderers* ist – wird genötigt zu denken: wie wunderbar er das Pianissimo bringt, den Ton moduliert, die Tempi treibt oder zögert, welchen Rhythmus er dem Ganzen bereitet – jetzt wandert der Wanderer langsam, in Trauer versunken und schwer, Schritt vor Schritt, jetzt, hört! hat er wieder Hoffnung und hüpft fast, so bringt der Sänger den »stürmischen Morgen« …

Wie es eine Art des *Gut-Schreibens* gibt, die ein *Zu-gut-Schreiben* ist, gibt es auch ein zu gutes Singen, ein *Überwuchern* der *Mittel*, die *an sich* Bewunderung verlangen – daß einer eine solche *Perfektion* überhaupt erreicht –, und es gibt Musik, der Perfektion nicht schadet, sondern zugute kommt, die der Oper zumal, aber im Schubertschen Lied und vor allem andern der »Winterreise« ist sie von Übel, hier muß es so sein, als ob da *wirklich* der *Wanderer* geht und nicht sein *Vertreter* im Frack steht neben dem Flügel, der Sänger muß mich *vergessen* machen, *das* ist seine Kunst ...

Was an der Musik *absolut* ist, ist aufgezeichnet in Noten und kann nicht verlorengehen, aber anders als beim Text, den ich stumm aufnehmen und in mir wirken lassen kann, brauche ich für die Lieder den Sänger, der mir ihre Seele *vermählt*, indem er die seine darangibt ...

Ehe ichs nicht *erlebt* hatte, daß das Erleben ausblieb bei einer anderen Schallplatten-Aufnahme der »Winterreise«, hätte ich nicht gedacht, daß dieses Nicht-Berühren überhaupt möglich wäre. Nur durch Vergleich verstand ich, was da geschah. Bei der neuen Wiedergabe sah ich vor mir den stattlichen Sänger im schwarzen Gewand, mit vollendet atmender Brust unterm Frackhemd, sah über der weißen Schleifenkrawatte sein wohlwollend intelligentes Gesicht, dessen Wangen- und Halsmuskulatur mit der sich dehnenden und engenden Ründe der Lippen *zusammenspielte* ... Sorgfältigste Artikulation, genau ausgewogene Wiedergabe aller Details – nur *glauben* konnt ich sie nicht, die Qual, die Wut, den Weg durch die Öde, erfunden und peinlich war mir die ganze Geschichte, als hätt ich Jahrzehnte an eine Lüge geglaubt ... Der Sänger hatte sich durch Verstand und Technik vom *Wanderer* distanziert, er zeigte ihn vor als ein vergangenes *Kuriosum* – »so etwas gab es einmal«, aber gerade das war *nicht* Wahrheit, es gibt ihn, er ist da, er lebt, geht, Liebe ist, wird sein – die *fressende* Sucht, vom Liebsten, von der Liebsten ins Recht gesetzt zu werden, die kein andrer zu stillen vermag und die auch nicht gestillt werden will, weil sie Kraft ist, die treibt – so Schwäche und Stärke in einem –, und deren Verlust wir vor allem anderen fürchten – die Öde in uns ist Hölle, nicht aber die Wüstung, durch die uns Liebe hintreibt.

Mein Freund, der *Wanderer*, besteht sie, er flieht nicht vor ihr, er hält Wüste und Einsamkeit aus, unter *Heulen* … So ist er noch immer mein *Halt* (»einen Weiser seh ich stehen«), an den ich mich lehne, mit dem Kreuz, um mein Rückgrat zu stärken, mit dem Gesicht, um Bedrückung zu bergen (»eine Straße muß ich gehen«) und mich auszuweinen (»die noch keiner ging zurück …«) an eines anderen *Menschen* Brust …

1980

Allein

Eva Strittmatter. Klaus Trende. Ein Gespräch

Dichtung als Seismograph für die Umbrüche der Zeit; wie betreffen Sie die politischen Veränderungen im Land seit Beginn der neunziger Jahre?

Mir ist ein Netz von Beziehungen zerrissen. Für die Öffentlichkeit sieht es so aus, als wäre der Schriftstellerverband nur ein Organ zur Unterdrückung und Bespitzelung von Autoren gewesen. In Wahrheit hatte er auch etwas Familiäres. Man traf sich, tauschte sich aus mit Menschen verschiedener Art. Das gibt es nicht mehr. Ich bin zwar im Verband der Schriftsteller und im PEN-Club. Doch ich gehe nicht zu den Veranstaltungen, habe aber auch keine Lust, mich an Versammlungen *rudimentärer Gruppen*, Resten des alten *Verbandes*, zu beteiligen. Die Kraftleistung, die zu vollbringen ist: Aus sich selbst heraus existieren und eine Wechselbeziehung zur Welt herstellen, die für Poesie produktiv werden kann.

Kein utopischer Gedanke mehr?

Auf Hilfskonstruktionen oder Illusionen setze ich nicht mehr. Nur noch auf Weltkunst und Weltliteratur und auf Bindungen an Menschen, denen ich vertraue. Aber natürlich leide ich an der *Abwesenheit* einer gesellschaftlichen Utopie; es war eine soziale (vielleicht habe ich sie auch noch). Vor Jahrzehnten schrieb ich aus einer Verteidigungshaltung heraus ein Gedicht, in dem es heißt: »Und einmal wird jeder ein einziger sein, / dann geht mein Lied neben anderen Sachen / in die Genreserve der Menschlichkeit ein …« Gleichheit und Gerechtigkeit ist der *Traum*. Aber: Hat Freiheit eine Chance, wenn Gleichheit und Gerechtigkeit angestrebt werden? Der Gleichheitsgedanke hat mich sicher ergriffen, weil ich aus einer *unteren* Schicht komme, mir mühevoll Bildung angeeignet, mich aus kleinbürgerlich-armen Verhältnissen emanzipiert habe. So waren Egalität und soziale Perspektive für mich eine bedeutende und inspirierende Sache.

Nun scheint es damit vorbei zu sein …

Ich halte sie nicht für *auf ewig* vergangen. Dürrenmatt sagte vor Jahrzehnten: »Heute, bei sechs Milliarden Menschen, regiert das Gesetz der großen Zahl, und die Welt wird sozialistisch sein oder gar nicht …« Nur die Zeitläufte stellen sich momentan anders dar als gedacht. In meinem Alter kann ich mich zurückziehen, muß keine neuen Utopien mehr suchen. Mir genügen die christlichen Gebote, die dem Glaubensgebot folgen. Darauf läuft auch der Sozialismus hinaus. Wenn er richtig ist, ist er eine Fortsetzung jener Gebote. Sie dürfen aber nicht verfälscht werden. Im alten Testament heißt es nicht, du sollst deinen Nächsten lieben wie dich selbst, sondern, du sollst deinen Nächsten lieben, er ist wie du. Das ist ein Unterschied. Im übrigen halte ich Katastrophen für möglich. Wir sind gegen nichts gefeit. Dennoch: ich versuche, meine *Substanz* zu verdichten, um den poetischen Impuls zu gewinnen. Wie wenn man aus Zunderholz Funken schlägt.

Vor zwei Jahren starben innerhalb weniger Monate Ihr Sohn, Ihr Gefährte und Ihre Mutter. Sie begegnen der Tragik mit Arbeit, schreiben Erinnerungen an das gemeinsame, wechselvolle Leben mit Erwin Strittmatter …

Ja, aber es ist ein Grenzgang. Auch zwischen Poesie und Prosa. Einerseits verlangt es mich nach Gedichten, andererseits drängt es mich, *Faktisches* festzuhalten. Je intensiver ich über mein Leben nachdenke, desto bewußter werden mir Zufälle und Wirrnisse darin. Erwin Strittmatter und ich hatten zu vielen Dingen verschiedene Auffassungen. Erwin glaubte an *Bestimmung*. Er dachte, er sei heil aus dem Krieg gekommen, weil er für sein *Werk* übrigbleiben müsse. Ich fragte: Waren unter den zwanzig Millionen Toten nicht mehr begabte Menschen? Ich sehe den *Zufall* wirken. Die Lebenslinie wird von banalen Geschehnissen und wahnwitzigen Zufällen dramatisch bestimmt. Wie wir herkamen und wie wir hier lebten, das war spannend, auch grotesk. Es war niemals geradlinig, immer ist es anders geworden als gedacht, aber es war produktiv. Erwin hat seinem Werk alles andere untergeordnet. Das Leben hatte auch *kafkaeske* Züge.

Haben Sie darunter gelitten?

Ob ich gelitten habe, im Sinne von Einschränkung, muß sich erst noch zeigen. Ich will durch Schreiben herausfinden, wer ich an sich, für mich, bin. Vieles, wofür ich Erwin verantwortlich gemacht habe, hat – wie sich heute zeigt – mit meinem Charakter zu tun. Er war ein Pünktlichkeitsfanatiker – ohne es selbst als Vorzug zu betrachten – und wartete oft ärgerlich auf mich, wenn ich vor Reisen damit beschäftigt war, für Kinder und Haus vorzusorgen. Damals hat er ein Lied gedichtet und es, manchmal auch mit den Jungs, gesungen: Warten ist mein Lebenslos, Lebenslos, Lebenslos, ach wie war mein Leben schön, müßt ich hier nicht wartend stehn. So *ad infinitum*. Das fand ich damals ungerecht. Er war *Pedant*, hatte einen Laufzettel vor Reisen für seinen Koffer. Aber alles *Häusliche* drumherum hat ihn nie interessiert. Ich nannte ihn den niederschlesischen Neurotiker. Er war *neurotisch*, aufgeregt vor Reisen. Vor Lesungen machte er sich ein Programm, übte seine Texte auf Tonband, trainierte die Stimme. Was übrigens unsere *Zeitdifferenzen* angeht, so bin ich zwar nicht unpünktlich, aber ich handle nicht mit *Vorausschau*, mache alles in letzter Minute.

Wie ist das mit dem Lesen bei Ihnen?

Ich lese mit *understatement*, will das Publikum nicht durch Vortrag überreden, lese ohne Affekt. Erwin hat seine Texte fast gespielt. Und das Publikum liebte es. Wir waren in vielem verschieden, ich habe mich seinen Ideen nicht angepaßt, wir haben uns *auseinandergesetzt*.

*Strittmatter hat die Epik für die Poesie geöffnet; wie be-
einflußte er Sie literarisch?*

In den letzten zwei Jahrzehnten beschäftigten ihn eso-
terische Sachen, indianische, asiatische Weisheiten, alte
Texte und, die ich für Surrogate hielt, neue Bücher. Er
hatte eine große Sammlung davon und versuchte, seine
Erkenntnisse zu praktizieren. Es sind noch Kultgegen-
stände, Mantras, magische Formeln oben in der Ar-
beitsstube. Ich wollte damit nichts zu tun haben, las
zwar asiatische Poesie, liebte Laotse, aber von Esoterik
hielt ich nichts. In seinen frühen Tagebüchern las ich
jetzt, daß er sich bereits mit achtzehn/neunzehn Jahren
intensiv mit Philosophie beschäftigte. Das wirklich
Merkwürdige ist, daß er am Ende seines Lebens zu die-
sen Anfängen zurückkehrte. Er hat nur eine *Kurve* über
den Marxismus gemacht. Ich habe mich erst etwas in
die Papiere aus seinen Anfangszeiten hineingelesen, es
ist interessant, wie weit er geistig als junger Mensch be-
reits war und wie konstant seine Ideen, Stoffe und Le-
bensvorstellungen geblieben sind. Im Rückblick er-
kenne ich, daß er in seiner Beziehung zu mir und dem
Leben hier draußen realisiert hat, was er seit Anfang
suchte: eine Frau, die ihm zuarbeitet, damit er frei ist
für sein Werk.

Eine konfliktreiche Zeit; werden Sie sie reflektieren?

In unserer ersten Zeit in Schulzenhof hatten wir
schlimme Auseinandersetzungen, weil ich versuchte,

meine literaturkritische Arbeit in Berlin fortzusetzen. Schließlich resignierte ich und gab auf. Doch zugleich begann ich, Gedichte zu schreiben. Das wußte Erwin jahrelang nicht. Erwin wußte von früh an, wer er ist. Ruth Berlau sagte mir mal, »das Große an *die* Brecht war, daß er schon mit siebzehn wußte, er ist ein Genie ...« Erwin war seit seiner Jugend überzeugt, daß er Schriftsteller ist. Ich schrieb zwar schon mit dreizehn/vierzehn, aber ich weiß bis heute nicht, wer ich bin. Ich erinnere mich an eine groteske Szene, die sich in der Küche meiner Mutter in Neuruppin abspielte. Ich wusch ab, Erwin stand hinter mir. Brecht war gerade gestorben, und ich sagte, ich sei überzeugt, daß Brecht sich als größter Dichter dieses Jahrhunderts erweisen werde. Darauf Erwin: Würde ich das glauben, könnte ich sofort aufhören zu schreiben. Ich war konsterniert, weil ich seine Verehrung für Brecht kannte und nicht verstand, daß er mit ihm *in den Ring* gehen wollte. Vieles begreife ich erst jetzt und versuche, es in Prosa zu reflektieren. Poesie taugt dafür nicht, hier braucht man *Geschichten*.

Sie haben mittlerweile ein respektables poetisches Werk vorgelegt. Stärkte das Ihr Selbstwertgefühl und die literarische Kraft?

Nein, ich habe wenig Selbstwertgefühl. Es ist mir schwer, in die Öffentlichkeit zu gehen. Lesungen sind für mich peinlich und quälend. Vor kurzem schickte mir eine Mitschülerin aus der frühen Kindheit ein Klassenfoto. Wenn ich mich darauf sehe als lebhaftes, freudiges, selbstbewußtes Kind, frage ich mich, wann mir dieses Selbstbewußtsein verlorenging. Ich habe das Verlangen, mich schreibend aufrichtig zu befragen nach meinem Leben und mir so wahr, wie ich es ertragen kann, zu antworten. Vielleicht wurde dieses Verlangen durch Erwin herausgefordert.

Seine Arbeitsmethode war aber eine andere.

Ja, er hat nie die reine oder platte Wahrheit gesagt, hat seinen Lebensstoff in seinen Arbeiten stets verändert und sich *kaschiert.* Wenn man sein Leben aus den Büchern rekonstruieren wollte, müßte man eine unsichtbare Seite des Mondes hinzufügen. Es gibt bei ihm immer jene abgewandte Seite. Ich habe Teile seiner Tagebücher gelesen, bei denen ich weiß, was in Wirklichkeit geschah. Er hat immer seine eigene, verwandelte Wahrheit aufgeschrieben. Wenn sein Leben rekonstruiert werden sollte, brauchte man Zeugen; seine Schriften, auch die Tagebücher, sagen nicht alles, jedenfalls nicht über das Faktische. Seit er zu schreiben begann, war er eins mit dem naiven Helden. Er zieht durch all seine Bücher. Ob Tinko oder Wundertäter. Diesen Helden geschieht alles durch die *Welt,* sie sind immer in der *Unschuld.* Mit diesem naiven Helden hängt der Zauber seiner Prosa zusammen. In gewisser Weise lebte er diesen Naiven auch in der Realität. Was an Handlungen *wirklich* war, ist in seinen Büchern nur eingeschränkt zu finden. Nehmen Sie den dritten Band des »Laden«. Wesentliche Verstrickungen seines Lebens hat er ausgeblendet, weil das

Ganze schwieriger zu erzählen oder der Held beschädigt worden wäre.

Hat das Leben mit Erwin Strittmatter Ihre literarischen Pläne gebremst?

Nein, im Gegenteil, sie wurden durch dieses Leben herausgefordert. Die frühe Phase der Poesie, in der ich mit zwölf/dreizehn Jahren lebte, hätte sicher keine Folgen gehabt, wenn ich ihn nicht getroffen hätte. Vielleicht wäre ich im Milieu der Kritiker (während meiner Arbeit beim Schriftstellerverband) untergegangen und hätte die Poesie weder spüren noch festhalten können. Das Leben mit Strittmatter brachte einen Druck, von dem ich mich befreien, entäußern mußte. Als wir Mitte der fünfziger Jahre nach Schulzenhof kamen, schrieb er Gedichte. Ich bewunderte damals maßlos, wie man so was macht, wie Poesie entsteht; ich vergaß, daß ich selbst mal geschrieben hatte. Später hielt er seine Gedichte für schwach, mit Ausnahme von »Du«, ein in Blankversen geschriebenes frühes Gedicht. Ich widersprach. Manches seiner Gedichte ist schön, volksliedhaft. Zehn Jahre später lebte ich intensiv in meinen Gedichten. Zuweilen las er etwas von mir.

Wie war seine Bewertung?

Sein Urteil war situationsabhängig, von Stimmungen bestimmt. Er mochte manche meiner Gedichte und trug sie in Abschriften mit sich. Wenn er in anstrengenden Arbeitsphasen steckte, war mit ihm nicht zu reden. Aber er hat mich immer aufgefordert zum Schreiben, ich sollte alles andere lassen. Er hielt mich im übrigen für zu faul, bis er sah, daß mit den Jahren doch etwas entstanden war, aber er meinte, wenn ich fleißiger wäre, nicht so träge, könnte es mehr sein. Er war der Willensmensch, der sich das Äußerste abverlangte und nach dessen Gesetz sich bei uns alles richtete.

Sie nahmen ihm schließlich auch die Mühsal mit der Post ab ...

Ja, die »Briefe aus Schulzenhof« existierten nicht, wenn er mich nicht gedrängt hätte, Briefe zu schreiben. Es begann so, daß er sehr krank war und ich ihm helfen wollte. 1964 nach einer Herzattacke war er verzweifelt: da war seine *eigentliche* Arbeit, und da lag ein Berg unbeantworteter Post. Es waren wichtige literarische Briefe darunter. So hat er sich angewöhnt, mich zu fragen, wann ich wieder Briefe schriebe. Er zielte auf eine erzieherische Wirkung.

In der Literatur ist Erziehung eine fragwürdige Sache ...

Natürlich betraf das nicht meine Gedichte, die sind willensunabhängig, entstehen in einer anderen *Zone*. Wenn alles klar Durchdachte, Konturierte aufhört, fängt bei mir das Gedicht an. Ich denke lange über eine Sache, ein Bild, eine Erscheinung nach, und dann kommt irgendwann eine Initialzündung für diese Eruption der Worte.

Das ist etwas Phantastisches, ganz anders, als wenn man Prosa schreibt. Es macht glücklich.

Es gibt zwischen Buch und Leben eine Differenz; hemmt oder inspiriert Sie das beim Schreiben?

Ich kann Leben und Schreiben trennen. Man sagte mir oft, meine Gedichte paßten nicht zu mir. Ich besorgte die Wirtschaft in Schulzenhof, aber wenn eine poetische Initialzündung da war, gingen mir Worte, Worte, Worte durch den Kopf. Während ich mit Gästen redete, montierte und memorierte ich zugleich Gedichte. Jetzt ringe ich mit der Befristung der Zeit, meiner Zeit, daß der Gedanke an sie nicht zum Alb wird. Mit einundfünfzig schrieb ich das Gedicht »Lichthorizont«. Das beginnt »Einundfünfzig, ich gebe mir noch eine Frist / Von neunzehn Jahren, wie leg ich sie an?« Wie lege ich jetzt meine Frist von fünf Jahren an? Das ist ein *magischer* Gedanke.

Ihre Gedichte verharren oft in einer Schwebe zwischen Leichtigkeit und Trauer, Liebe und Spiel, den Rätseln des Lebens …

Das war schon immer so, aber als ich jünger war, ließen sich die widerstreitenden Empfindungen leichter ausbalancieren. Heute habe ich gegen mehr Zweifel anzugehen. Das Gefühl für die Begrenzung des Lebens, das Wissen, mein *eigentliches Leben* ist gelebt, ich kann es nur noch in der Reproduktion leben, werde ich nicht mehr los. Nach unseres Sohnes Matti und nach Erwins Tod dachte ich, es könnte noch einmal einen Anfang geben. Inzwischen weiß ich, daß ich an die Toten gefesselt bin, sie begegnen mir täglich. Ich lebe mein Leben zu Ende, aber ob es poetisch produktiv wird, weiß ich nicht. Es gibt keinen Menschen, an den ich *gebunden* bin, nichts, auf das ich setze. Meinen jüngsten Sohn, der mir sehr nahesteht, habe ich überfordert. Ich habe schwere Zeiten hinter mich gebracht, mich aus Finsternissen gerissen, um zu erfahren: auch in der Einsamkeit, ohne Bindung und Zukunft, ist die *Welt* großartig. Aus diesem Welt-Verhältnis heraus kann ich, so hoffe ich, schreiben.

Empfinden Sie es als Bürde, daß viele Leser Ihre Gedichte als Handlungsmuster in ihr Leben aufnehmen, sie im Wortsinne bibliotherapeutisch nutzen?

Es ist schön, wenn Leser einem auf der *Frequenz* begegnen, auf der man einst *sandte*, als man schrieb. Nein, das Vertrauen der Leser ist keine Bürde. Beim Erscheinen des dritten Bandes der »Briefe aus Schulzenhof« erhielt ich viel Post, wie schon beim ersten Band. Nach wie vor hängen viele Leser an den Gedichten.

Das Altern hat weder Sie noch Erwin Strittmatter zur Ruhe gebracht, Sie sind unheilbar infiziert von der Sprache. Woher die Kraft?

Das hat sicher weniger mit Kraft zu tun als mit dem Gefühl des Ungenügens: Es gilt immer nur, was man neu macht. Das Vergangene ist dahin. So empfinde ich, und so war es auch bei Erwin Strittmatter. Wenn er schlechte Zeiten beim Schreiben hatte und es kam eine Nachauflage von einem seiner Bücher, hat er reingeguckt und deprimiert gesagt: Damals konnte ich noch schreiben, aber heute ... Ja, auch er hat keine *Sicherheit* gewonnen, war nur immer auf das Nächste orientiert, in dem er Bestätigung suchte – bis ins Alter hinein. Aber eigentlich war er nie alt. Er hat willensstark seine Konstitution gefestigt, bis kurz vorm Tod gymnastische Übungen gemacht, mit Hanteln trainiert. Ich dachte, er würde wirklich einmal alt werden und den Trieb zum Schreiben verlieren, würde sich *beruhigen*. Es war eine Illusion. Wenn er alte Leute in unserm Dorf auf der Bank sitzen sah, sehnte er sich neidvoll nach Ruhe: »Rentner müßte man sein ...«

Das Schreiben als Lebensform, unbezwingbare Sucht, letzte Freiheit im Zeitstrom?

Erwin wußte, daß er nie auf der *Altenbank* sitzen wird. Tage vor seinem Tod hat er noch, unterm Sauerstoffzelt, Briefe geschrieben. Als der »Wundertäter« geschafft war und es auf den »Laden« zuging, war ich entsetzt, als er *Esau Matt* erfand, um sein Lebensmaterial in Prosa zu übersetzen. Ich wünschte, er würde pur seine Erinnerungen aufschreiben. Aber es gab wieder einen *Roman*, eine *Konstruktion* mit der Mühe zur Dramaturgie. Es gab *Zusammenbrüche*, wenn die Fabel nicht nach seinem Willen gelingen wollte. Davor hatte ich Angst. Und ich sagte ihm nach dem »Wundertäter«: »Mach nichts mehr mit Politik.« Aber er wollte die Nachkriegszeit unbedingt in den dritten Teil des »Laden« hineinbekommen. Das schaffte er mit schrecklichen Krisen. Seine Geschichten waren zu neunzig Prozent Wahrheit, den Rest hat er hinzugedichtet, sagte er. Den ersten Band des »Laden« hatte er heiter geschrieben. Die Fortsetzungen wurden schwieriger. Übrigens hat er Esau Matt auch im »Grünen Juni« weitergeführt. Er war sein *Alter ego* geworden, ja, er unterschrieb gar Briefe mit »Esau«. In den letzten Stunden vor dem Tode, als er im Morphiumschlaf dämmerte, habe ich ihn, ich weiß nicht warum, unter Zwang, nicht Erwin, sondern Esau angeredet.

Niemand wird hinter das Geheimnis der Poesie kommen, denn die Sprache ist unendlich. Aber wie entsteht bei Ihnen ein Gedicht, und welche Hilfe nehmen Sie daraus in kritischen Lebenssituationen?

Die meisten Gedichte habe ich vergessen, nur einige sind mir gegenwärtig. Aber sie spielen in meinem Bewußtsein keine Rolle. Vielleicht manchmal eine Zeile: »Ich mache mir Halterungen aus Worten und halte mich fest und versuche von dem abzusehen, was sich nicht halten läßt.« Ein Text, in dem ich über mein Alter *lamentierte*, als ich zwanzig Jahre jünger war. Es gibt Erfahrungen, die hilfreich sind, über die sich zu schreiben lohnt. Nicht alles wiederholt sich, selbst im Ablauf der Jahreszeiten. Bestimmte Naturkonstellationen sind einmalig. Ich erinnere mich an einen Wintertag vor Jahren, als die verschneite Wiese vor unserem Haus von Hunderten Rotbrustdrosseln besetzt, geflammt war. Solche Bilder behält man. Aber nicht die Emotion ist auf Dauer bedeutsam, sondern, daß man das Bild mit Worten baut, es haltbar macht. Das Gefühl, es geschafft zu haben, ist Glück. Für viele Gedichte weiß ich Orte und Bedingungen, an denen und unter denen sie entstanden. Das *Chagall-Gedicht* schrieb ich mit heftigem Fieber unter *irrsinnigen Umständen*, im alten Haus, unter der Bettdecke, verzweifelt nach einem Streit mit meiner Mutter. Es ist ein *erhärtetes* Gedicht. Es gibt auch ungehärtete Gedichte, wie »Frühwinter«, das ich während einer Rede von Kurt Hager schrieb.

Wie war Ihre Auffassung zur Parteipolitik und dem Versuch »DDR«?

Zweimal habe ich über den Schriftstellerverband ein paar Tage an einer Vortragsserie für Berliner Autoren an der Parteischule Köpenick teilgenommen. Es war, glaube ich, 1969, und der Ökonom Dieter Klein hielt einen Vortrag, in dem er die *geheimen* Vergleichszahlen über die Produktivität der USA und der Sowjetunion sowie DDR und Bundesrepublik nannte. Ich kam nach Hause und sagte zu Erwin: Jetzt weiß ich, daß wir es niemals schaffen werden. Zumindest nicht auf ökonomischem Gebiet. Wenn der *wirkliche* Sozialismus eine Chance haben sollte, müßte er sie auf anderem Gebiet als dem ökonomischen suchen. Die Lage war gespenstisch, der Osten *krabbelte* bei fünfzig Prozent der wirtschaftlichen Effektivität herum. Kurt Hager hielt dort, anders als Dieter Klein, einen zähen ideologischen Vortrag. Während seiner langweiligen Rede entstand das Gedicht »Frühwinter«.

Aus Erschütterungen scheinen sich die zeitlosen Texte zu speisen …

Ein *gehärtetes* Gedicht heißt »Angst«; ich schrieb es, als ich nach einem Krankenhausbesuch bei Erwin zu Hermann Kant ging, um unseren Jakob abzuholen, der damals drei war. Es war die Zeit nach »Ole Bienkopp«, und Erwin war des Lebens müde. Ich war verwirrt von seinen Reden und kam in der Chausseestraße fast unter ein Auto. Ich hatte einen Schock. Auf dem Weg von der Straßenbahnhaltestelle Prenzlauer Promenade (Spitze) zur Gudvangerstraße kam ich an einem Garten vorüber. Da blühten Kirschen, es sang eine Amsel. So entstand in wenigen Minuten das Gedicht, an dem ich nichts mehr zu ändern brauchte: »Die Amsel macht mich traurig. / Die Kirschen wollen blühn. / Ich fürchte, du könntest mir sterben, / Und alles würde doch grün. / Vielleicht ist es auch mein Tod, / Der mich schon traurig macht. / Die Amsel kann ich nicht fragen. / Wer hilft mir heute nacht?« Es war eines meiner ersten Gedichte, die Paul Dessau vertonte. Zu solchen Gedichten habe ich über Jahrzehnte intensive Beziehungen.

Hat die Auseinandersetzung mit dem Phänomen Zeit, der Vergängnis, in den neunziger Jahren einen anderen Rang in Ihrer literarischen Arbeit erhalten; Sie haben jüngst einen neuen Band »Liebe und Haß – Die geheimen Gedichte« abgeschlossen?

Die Sammlung der »Geheimen Gedichte« entstand in Jahrzehnten. Tod und Zeit faszinierten mich immer schon. Jetzt muß ich mich dagegen stemmen, daß sie meine Worte überlasten. Ich weiß, wie gesagt, daß es für *mich* keine Zukunft, keine Auswege und Utopien gibt, daß mein Leben gelebt ist. Aber ich ringe um die *Weltentzückung*, aus der heraus ich schreiben kann. Mit den Jahren verstand ich, was die Konstante meines Lebens ist: Das Verhältnis zur Natur, die Rührung über ihre Erscheinungen. Ich möchte in meinen Gedichten den Tod nicht herrschen lassen. Matti und Erwin sind mir gegenwärtig, ich lebe mit ihren Gegenständen, ihrer Kleidung, ich träume von ihnen in merkwürdigen Konstellationen. Ich wache auf und höre Erwins Stimme, ergreife ihn, aber er ist nicht körperlich da. Das kann und will ich nicht in Poesie fassen. Über diese Todesgrenze muß ich hinweg. Was ich zu reflektieren habe über meine gegenwärtige Existenz und die Erinnerung an unser Leben, ist nur in Prosa zu leisten. Ich mache Vorarbeiten, notiere, was mir wichtig ist, die letzte Zeit von Erwin, was er sagte und tat, was er verschwieg.

Was wird der Leser über Strittmatter Neues erfahren?

Da ist sein Werk, das mit dem »Laden III« einen großen Abschluß fand, dem schließlich das letzte Wort von der

Verwandlung folgte, aber es rührt mich, daß sich viele seiner Wünsche nicht erfüllten, wichtige und scheinbar unwichtige. Er war ein Mensch, der sich an kleinen Sachen erfreute, an Kleidung beispielsweise. Jahrzehntelang wünschte er sich Hemden ohne *oberen Kragenknopf*. Vierzehn Tage vor seinem Tode kam ein Prospekt, in dem solche Hemden offeriert wurden. Er überlegte. Hat es noch Sinn? Er wollte einen Anzug in Pepitamuster, einen aus pfeffer- und salzfarbenem Stoff, englische Anzüge. Er hat sie nicht bekommen. Er hatte ein rührendes Verhältnis zu Dingen. Wenn wir verreisten, schrieb er sich einen Laufzettel, was er einkaufen wollte. Als wir 1988 in Frankfurt am Main zur Buchmesse waren, liefen wir bei Eiswind einkaufen für ihn, Daunenmantel, Mütze. Ja, es waren auch *Ticks*, die mich rührten. Er war immer Esau Matt, der Junge aus Bossdom.

Strittmatters Weisheit war nicht »anstudiert«; wie war sein Verhältnis zu den Intellektuellen?

Von einem bestimmten Tag an hat er die Akademie der Künste nicht mehr betreten. Mit einer Ausnahme. Er las zu einem Jubiläum – es war wohl '87 – seine Geschichte »Geschonneck und ich«. Die Veranstaltung war langweilig von Vorträgen, aber seine Lesung hat die Zuhörer ermuntert. Er war aus politischen Gründen lange nicht in der Akademie, weil man angefangen hatte, Politbüromitglieder zu Vorträgen einzuladen, aber er ging auch wegen Peter Hacks nicht mehr hin, der eine Bemerkung gemacht hatte, die gegen seine Ehre als Schriftsteller ging. Er mußte zwar zugestehen, daß er manches von Hacks mochte, aber als Mensch hat er ihn wegen seiner *Arroganz* verabscheut. Ich schätzte Hacks, las ihn gern, liebte seinen Gedichtband für Kinder »Flohmarkt«. Strittmatter mochte auch Stephan Hermlin nicht, den er für einen *Snob* hielt. Ich war mit Hermlin vierzehn Tage in Polen, und wir haben uns gut verstanden. Später, wenn ich ihm begegnete, war er oft abwesend, kannte mich nicht. Für Erwin waren diese beiden *rote Tücher*. Ich sehe da fortgesetzt, was er im zweiten Band des »Laden« schilderte, seine Gymnasialzeit in Spremberg: Trauma seiner Jugend, daß er sich in der bürgerlichen Welt nicht behaupten konnte, in ihr gescheitert war. Menschen, die diese Welt *repräsentierten*, haßte er sein Leben lang. Ein Rudiment aus der Zeit des »Esau Matt« in Grodk. Vieles speist sich bei ihm aus der Kindheit, ist kindlich (und poetisch) geblieben. Kaum jemand kann sich vorstellen, wenn er ein solches Werk liest, daß der Autor bis zum Ende seines Lebens ein labiles Selbstgefühl behielt. In einer übrigens Autor und Werk rühmenden Rezension zu »Vor der Verwandlung« in der »Neuen Zürcher Zeitung« las ich, Strittmatter sei ein Chamäleon gewesen, hätte viele Färbungen angenommen. Aber das stimmt nicht, alles, was er tat, war mit ihm identisch.

Zurück zu Ihnen, dem Verhältnis von Arbeit und Inspiration bei der Poesie.

Meist gibt es Änderungen, Wandlungen beim Entstehen eines Gedichtes. Ich baue, solange ich kann, an einem Text, lege ihn dann fort, vergesse ihn zuweilen ganz und gehe später wieder daran, als sei es ein fremdes Gedicht. Wenn ich mir Urschriften ansehe, merke ich erstaunt, daß die fertigen Texte oft kürzer sind als die *Urformen*. Ich verwerfe *vorgeprägte* Konstruktionen, suche nach dem präzisesten Wort. Ich habe die Gewohnheit, Gedichte nur im Kopf zu konstruieren, habe aber mein Taschenbuch oder ein Diktiergerät zur Sicherheit immer bei mir. Der Versuch, den poetischen Gedanken schriftlich oder auf Tonband *unmittelbar* zu fixieren, war oft ein Hemmnis. Die Erfindung des Gedichtes hängt wesentlich vom Rhythmus und von der Zeilenlänge ab. Wenn man den Rhythmus verliert, ist das Gedicht verloren, das ist mir manchmal bei der Fixierung von Zeilen *während der Erfindung* des Gedichtes geschehen. So habe ich versucht, durch ständiges Wiederholen in Gedanken das Gedicht Zeile für Zeile zu befestigen und es dann erst aufzuschreiben. Heute sehe ich in meinen Notizheften, daß Texte, die ich lange im Kopf trug, die gültigen sind, kaum verändert wurden.

Die Einsamkeit des Ortes, Abwesenheit von Menschen, fehlende Solidarität – wie werden Sie damit fertig?

Das ist eine Lebensfrage: Halte ich die Einsamkeit in Schulzenhof aus? Unsere Kontakte hatten sich schon zu Erwins Zeiten sehr reduziert. Er hatte immer weniger das Bedürfnis, Leute zu treffen. Er wollte mit seiner

Arbeit allein sein, fühlte sich wohl in seiner Welt. Früher war unser Haus ständig voller Gäste, aber das war schon lange vorbei.

Nun leben Sie in dieser Zeit, die im Begriff ist, unsere Sinne zu zerstören. Wie reagiert die Lyrikerin darauf?

Es ging mir nie darum, aktuelle Gedichte mit Nutzwert zu schreiben. Ein gutes Gedicht muß heute genauso anrühren wie gestern. Vor fünfundzwanzig Jahren schrieb ich »Bilanz«: »Wir alle haben viel verloren / Täusche dich nicht: auch ich und du. / Weltoffen wurden wir geboren. / Jetzt halten wir die Türen zu / Vor dem und jenem. Zwischen Schränken / Voll Kunststoffzeug und Staubkaffee / Lügen wir, um uns nicht zu kränken. / Und draußen fällt der erste Schnee … / Wir fragen kalt, die wir einst kannten: / Was machst denn du, und was macht der? / Und wie wir in der Jugend brannten … / *Jetzt glühn wir anders. So nie mehr.*« So empfinden heute viele, es trifft die *Situation*. Ist es nicht merkwürdig, daß Texte von früher heute erhärtet werden?

Woran mag es liegen?

Vielleicht ist es die Konzentration auf meine Angelegenheiten, mein Leben, die *Subjektivität*, die mir damals angekreidet wurde. Ich habe nach meinem *Impuls* geschrieben und nicht nach Erwartungen. Seltsamerweise wurde ich deswegen auch in Westdeutschland kritisiert. 1983 war ich eingeladen nach Heidelberg. Ich hatte dort, was ich nicht wußte, viele Leser. Eine Dichterin aus der Gegend griff mich an, weil ich, so auf mich fixiert, an der Gesellschaft nicht interessiert wäre. Aber ich denke, gerade weil ich von meinem Leben sprach, erreichte ich andere: Poesie, fernab weltanschaulicher Thesen und nah bei mir.

Wie hat sich mit den Jahren das Bedürfnis nach Bestätigung für Ihr Werk verändert?

Ich schrieb sechs Jahre Gedichte, ohne daß jemand davon wußte. Ich war unsicher und irritiert, weil ich anfing, Gedichte zu schreiben. Es erschien mir zufällig. Das Verbergen der Gedichte blieb. Ich habe kein Bedürfnis, jemanden an meiner *Arbeit* teilnehmen zu lassen. Ich will mit meinen Texten allein sein, sie speichern, sichern. Viele Gedichte, die nie ein Mensch gesehen hat, habe ich über Jahrzehnte aufbewahrt. Jetzt ist die Sammlung fertig. Sie wird, wie Sie wissen, »Liebe und Haß – Die geheimen Gedichte« heißen. Aber mein Gefühl verlangt von mir zuvor das Buch über mein Leben mit Erwin Strittmatter.

Eine Fortsetzung dessen, was er nicht mehr schaffte, und die Anknüpfung an Ihren Essay »Die Vateramsel ist da«?

Ja, vielleicht. »Im Garten der Amseln allein« wäre ein Titel, der meine Erfahrungen trifft. Denn darum handelt es sich. Es geht mir um eine existentielle Situation, mit der viele Menschen zu tun haben: den Tod des

Gefährten. »Mai in Piešťany« war ein selbstanalytisches Buch, und jenes wird es auch werden. Seltsam, wie *barbarisch* man sich verhält, wie vieles man erst begreift, wenn man selbst schmerzliche Erfahrungen gemacht hat und alt geworden ist. Meine Mutter hat fast fünfzig Jahre allein gelebt, der Vater ist 1944 im Krieg umgekommen. Und wir fragten immer: Was will die Frau eigentlich? Sie ist gesund und *mobil*, hat nichts zu klagen. Heute weiß ich von der Qual der Einsamkeit, dem menschlichen *Defizit*. Ich habe neue Einblicke ins Leben gewonnen. Heute ist es eine Erinnerung an *Glück*, wenn ich an die Fahrten mit Jakob zu dem doch todkranken Matti denke, 1993, im letzten Jahr seines Lebens, an Jakobs und meine Gespräche, an unsere Furcht bei der Hinfahrt, unsere Erleichterung bei der Rückfahrt von Parchim, wenn es Matti besser zu gehen schien. Die Endgültigkeit des Todes war mir schon immer *rational* klar, aber was es seelisch bedeutet, weiß ich erst jetzt. Und dann öffnet sich einem das Phänomen der Liebe, die nichts mit Verdienst zu tun hat, nicht der Verstand gewährt Zuneigung, weil sie jemand verdient hat. Durch den Tod wird alles neu bewertet.

Politischen Programmen und Heilslehren, egal aus welcher Richtung, mißtrauen Sie. Woraus resultiert das, und ist diese Unabhängigkeit schließlich eine Ursache für die Dauer des Wortes, die Haltbarkeit Ihrer Gedichte?

Ich habe mit Gedichten angefangen, als ich die politischen Ordnungen und Einordnungen hinter mir hatte.

1951 versuchte ich, Mitglied der SED zu werden, noch ehe ich Erwin kannte. Als Mitarbeiterin beim Schriftstellerverband stand ich unter Kubas Einfluß, war von ihm politisch inspiriert. Ich wurde nicht aufgenommen, es gab eine Sperre für Intellektuelle. Dann hatte ich lange keine Ambitionen darauf. 1959 wurde ich, glaube ich, Kandidatin. Ich hatte aber allerlei Einwände vorzubringen bei meinen literaturkritischen Arbeiten. 1952 war die zweite Parteikonferenz der SED, auf der der Beschluß über den Aufbau des Sozialismus gefaßt wurde. Danach wurden sofort zwanzig Stipendien vergeben an Autoren, die über den Aufbau landwirtschaftlicher Genossenschaften, über volkseigene Industrie und Volksarmee schreiben sollten. Natürlich entstand dabei keine Literatur.

Wie reagierten Sie?

Ich schrieb über ein Buch von Horst Beseler, das in einem Betrieb spielte, und wandte mich gegen das *Auftrags-Projekt*. F. C. Weiskopf, damals Chefredakteur der »Neuen Deutschen Literatur« verteidigte, lobte meinen Aufsatz. Mit der Phase meiner literaturkritischen Arbeit, die wohl bis 1960 dauerte, hatte ich mein politisches Pensum absolviert, es gab ja auch das Jahr 1956 mit immer wachsenden Beunruhigungen und *prägenden* Erkenntnissen über Politik und gesellschaftliche Forderungen. Das Schreiben von Gedichten war meine Rückkehr zur individuellen Existenz. Darauf folgte die Auseinandersetzung mit den Verlagen. Alle hatten mein

Manuskript, niemand wollte es drucken. Günther Deicke forderte mich auf, es dem Verlag der Nation zu geben. Dann lag es ein Jahr bei ihm herum. Schließlich schickte ich zwei Sammlungen von je hundertfünfzig und fünfundsiebzig Gedichten zu Günter Caspar vom Aufbau-Verlag. Meine Bedingung: Er könne die Auswahl treffen, aber kein Gedicht wird verändert. Erwin war zornig, er sagte: Sie haben dich zu einer Naturlyrikerin gemacht, die du nicht bist. Das Buch kam 1973 heraus und heißt »Ich mach ein Lied aus Stille«. In ihm ist fast alles getilgt, was philosophische oder kritische Akzente hatte.

Es war eine nachhaltige Lehre ...

Ja, Erwin sagte immer zu mir: Ich beneide dich, du hast erst angefangen mit dem Schreiben, als du das *Politische* erledigt hattest, während ich mich in meinen frühen Büchern stets damit konfrontiert sehe; deshalb stehst du besser vor dir selber da. Mein Einwand war: Dafür sind meine Kritiken *krasser*. Der Glücksfall meines Lebens war, daß ich wegen Erwins Nörgelei und der vielen Arbeit im Hause die Literaturkritik aufgegeben habe. Erwin zog mich (vor allem vor Freunden) damit auf, er hielte einen Kritiker aus. Man bekam bei der »Neuen Deutschen Literatur« fünfzig Mark für die Seite. Weil ich den Ehrgeiz hatte, so knapp wie möglich zu schreiben, reduzierte ich meine Texte immer weiter, so daß ich gegen meine ökonomischen Interessen arbeitete. Ich verbrauchte manchmal Monate für Vor- und Nebenstudien, um am Schluß mit einer Kritik dreihundert Mark zu verdienen. Dann war Erwin auch eifersüchtig, wenn ich über lebende Autoren schrieb. Er redete mich nach einer Rezension zu einem Buch von Noll nur mit »Frau Noll« an.

Ihre selbstbestimmte Sicht paßte auch in der Vergangenheit einigen Leuten nicht ins Konzept; hat man versucht, Sie zu bedrängen?

Als ich zu veröffentlichen begann, war Gabriele Eckart – sie lebt heute in den USA – ein Stern am *FDJ-Poetenhimmel*. Ich war eine *poetische Unperson*; was ich schrieb, war politisch und formal *falsch*. Es ging nicht nur um den Reim, dessen Musikalität ich bevorzugte. Sigrid Damm schrieb die erste Rezension fürs »ND« und sprach mich 1973 bei den *Weltfestspielen* an. Sie erzählte mir, wie man sie in der Redaktion bedrängt hätte, mein Buch zu *verreißen*. Aber das Publikum hat es mit Vehemenz angenommen, und schon während der ersten Vorabdrucke in der »Neuen Deutschen Literatur« waren Gedichte übersetzt und in anderen Ländern veröffentlicht worden.

Zum Schluß ein Blick aufs Ganze: Jetzt leben wir in einer anderen politischen Zeitform – fragwürdig wie die vergangene und anscheinend der Apokalypse vertrauend …

Vor Jahren hatte ich ein Naturerlebnis, das meine Verzweiflungen und Ängste neutralisierte. Ich ging hinaus

in die Wiesen hinterm Wald, an unseren Bach, den klei-
nen Rhin. Die sinkende Sonne stand am Abendhimmel
zwischen Wolken, ein Glutball. Sie spiegelte sich im
stauenden, kräuselnden Wasser der Bachbiegung: ein
pulsender Muskel aus Licht. Ich spürte eine *außerirdi-
sche* Befriedung und wußte: egal, was geschieht, das
Weltall werden sie nicht vernichten. Seit damals konnte
mich nichts mehr irritieren, viele Dinge relativierten
sich für mich. Katastrophen sind möglich, aber hysteri-
sche Ängste, was die Welt, die Natur betrifft, kenne ich
nicht mehr. Gehen wir zurück vor die Zeitrechnung,
finden wir in der Literatur Furcht und Warnung vor
dem Weltuntergang, aber auch Auflehnung gegen Apa-
thie und Verzweiflung. Ich glaube nicht an den Unter-
gang der Menschheit, nicht an den Weltuntergang. »Es
wächst das Rettende auch«, der Mensch ist trotz allem
ein denkendes und viel erfindendes Wesen. Sicher, wenn
ich Zeitungen lese, könnte ich verzweifeln, aber wenn
ich um mich sehe, ist Hoffnung.

Januar/Februar 1996

Zu dieser Ausgabe

Die erste Ausgabe von »Poesie und andre Nebendinge« erschien 1983 im Aufbau-Verlag Berlin und Weimar.

In die leicht veränderte Auswahl des vorliegenden Bandes sind zusätzlich der bisher nur im Rundfunk gesendete Essay »Im tiefen Rußland. Über Konstantin Paustowskij« und der als Nachwort zu einem Arno-Mohr-Katalog publizierte Text »Der *Alte Arno*« aufgenommen worden. »Matewosjans Sprache« erschien 1988 als Nachwort in dem Band »… aber sonst ist alles reine Wahrheit« von Hrant Matewosjan im Verlag Volk und Welt, und »Poesiefest in M.« wurde in Neue Deutsche Literatur, Heft 10, Oktober 1977 abgedruckt.

Neu aufgenommen ist ebenfalls »Allein. Eva Strittmatter. Klaus Trende. Ein Gespräch«, 1996, in DER FABRIKVERLAG, Cottbus, erschienen. Der Verlag dankt Klaus Trende für die freundliche Genehmigung zum Abdruck.

Der Text »Poesie und andre Nebendinge« geht auf Tonbandaufzeichnungen zurück, die Ernst Crantzler und Holmar-Attila Mück 1980/81 für ihren Dokumentarfilm »Ich sehe was ich seh« mit Eva Strittmatter machten. Die Aufzeichnungen sind von Eva Strittmatter für dieses Buch bearbeitet worden wie auch ihre Antworten in dem Gespräch mit Klaus Trende.

Aufbau Taschenbuch Verlag

»Man muß sich die Kunden des Aufbau-Verlages als glückliche Menschen vorstellen.«

S Ü D D E U T S C H E   Z E I T U N G

Streifzüge mit Büchern und Autoren:
Das Kundenmagazin der Aufbau Verlagsgruppe erhalten Sie kostenlos in Ihrer Buchhandlung und als Download unter www.aufbau-verlag.de.

Eva Strittmattter
Erwin Strittmatter
Landschaft aus Wasser,
Wacholder und Stein
Ein Jahreszeitenbuch
Textauswahl Almut Giesecke
Mit 78 Fotos von Anke Fesel
176 Seiten. Gebunden
ISBN 3-351-03049-5

Die Jahreszeiten von Eva und Erwin Strittmatter

In diesem Bildband mit poetischen Texten reflektieren Eva und Erwin Strittmatter, jeder auf seine Weise, die herbe Schönheit der märkischen Landschaft, den Wandel der Jahreszeiten, den Zauber der Natur. Mit stimmungsvollen Fotos aus der Umgebung ihres Wohnortes Schulzenhof.

»Täglich gehe ich den Waldweg zum See hin, sehe die Pflanzen blühn, sehe sie fruchten, altern und sterben, sehe sie jahrsdrauf wieder erwachen, sehe, wie sie das ohne Furcht tun. Ich bin es, der mit Furcht vor dem morgigen Tag, mit Furcht vor dem Tode an ihnen vorübergeht, ich, der Mensch, der sich wer weiß wie klug wähnt.« Erwin Strittmatter

Außerdem lieferbar:
Eva und Erwin Strittmatter, Du liebes Grün. Ein Garten- und Jahreszeitenbuch. Mit 80 Fotos. ISBN 3-351-02879-2

aufbau
VERLAG

Weitere Informationen erhalten Sie unter
www.aufbau-verlag.de oder in Ihrer Buchhandlung

Eva Strittmatter ist Deutschlands erfolgreichste Lyrikerin

Zwiegespräch

Ich bin ich, heißt es in diesen Gedichten: mal trotzig-entschlossen, mal vorsichtig tastend, als wäre das Ich-Sagen behutsam einzuüben. Die hier spricht kennt ihre Rolle genau, ihre Pflichten im Alltag der Gewohnheit. Aber da gibt es noch das andere Ich, das ausscheren möchte aus den Konventionen, leicht sein und einfach leben: im südlichen Licht oder in der heimlichen Freiheit der Einsamkeit.
Gedichte. 132 Seiten. AtV 1323

Mondschnee liegt auf den Wiesen

Voll bohrender Unruhe wird in diesen Gedichten die Vergänglichkeit der Zeit reflektiert. Was ist geschehen mit den großen Erwartungen an das Leben? Eva Strittmatters eindringliche Fragen sind zugleich Annäherungen an Antworten: Die Dichterin bringt ihre Erfahrungen und Konflikte in anrührende, intensive Bilder.
Gedichte. 166 Seiten. AtV1324

Die eine Rose überwältigt alles

Die Gedichte rebellieren gegen den täglichen Tod durch Selbstaufgabe und Gewöhnung. Wie ist die Balance zu finden? Eva Strittmatter spricht von den Widersprüchen, die dabei auszuhalten sind und von den Wurzeln ihrer Kraft: Die liegen in der Bereitschaft, sich offen zu halten für die Signale der Welt.
Gedichte. 140 Seiten. AtV 1321

Briefe aus Schulzenhof 1965–1992

Die Briefe berichten vom Alltag in Schulzenhof, vom Leben Eva und Erwin Strittmatters, von den Höhen und Tiefen ihres literarischen Schaffens. Ein Kompendium an Lebensäußerungen, gerichtet an Freunde, Schriftstellerkollegen, Leser, Maler, an die Söhne.
3 Bände in Kassette. 1319 Seiten. AtV 1325. Alle Bände auch einzeln erhältlich

Liebe und Haß

»Es handelt sich um die Krönung ihres lyrischen Werkes. Lange mußte gewartet werden, bis eine Dichterin deutscher Sprache nach Gertrud Kolmar und Ingeborg Bachmann die Poesie wieder als Freiheitsgewinn, das Leben als sinnliche Entdeckung und die Natur als Raum eigener Gestaltung zu formulieren vermochte. «
LAUSITZER RUNDSCHAU
Die geheimen Gedichte. 1970–1990. 186 Seiten. AtV 1330

Weitere Informationen über Eva Strittmatter erhalten Sie unter www.aufbau-verlag.de oder in Ihrer Buchhandlung